魔力数学 4

宋 君 陈文婳 魏 霞 著

抽象归纳

中原出版传媒集团
中原传媒股份公司

大象出版社
·郑州·

图书在版编目(CIP)数据

魔力数学. 抽象 归纳 / 宋君, 陈文婳, 魏霞著. 郑州 : 大象出版社, 2025. 2. -- ISBN 978-7-5711-2263-8

Ⅰ. G624. 503

中国国家版本馆 CIP 数据核字第 2024VB6134 号

MOLI SHUXUE

魔力数学

——抽象 归纳

宋 君 陈文婳 魏 霞 著

出 版 人 汪林中
责任编辑 梁金蓝 张士彬
责任校对 张绍纳
装帧设计 付锬锬
部分插图 一碗面工作室

出版发行 大象出版社(郑州市郑东新区祥盛街 27 号 邮政编码 450016)
发行科 0371-63863551 总编室 0371-65597936
网 址 www.daxiang.cn
印 刷 河南龙华印务有限公司
经 销 各地新华书店经销
开 本 720 mm×1020 mm 1/16
印 张 11
字 数 89 千字
版 次 2025 年 2 月第 1 版 2025 年 2 月第 1 次印刷
定 价 36.00 元

嗨，我是“藏不住秘密”的淘淘国王，称霸数学界是我的目标，而且我在《魔力数学》中很快找到了称霸的秘诀，想知道是什么吗？嘿嘿，快来加入我的战队，一起在阅读中寻找吧！

鹤立鸡群是我的标签，自信严谨是我的优势，压轴亮相是我的出场方式，我就是淘淘数学称霸路上的拦路石——“数学小诸葛”乐乐大人。

大家好！我是可爱的飞飞。老师说学好数学能让我的思维更开阔，能让我变得越来越聪明。老师说得一定没错！

你好，我是花花，悄悄地告诉你，同学们私下里都说我是“十万个为什么”，我觉得学无止境，不懂就要问嘛，嘻嘻！谁也阻挡不了我成为“数学花仙子”的脚步！

数学阅读，为我们打开一扇窗

提到阅读，人们通常想到的是语文阅读，很少将阅读与数学联系在一起。可见，数学阅读是被忽视的。因此，在落实核心素养的今天，重视数学阅读，具有重要意义。

我的教学主张是智慧数学。我始终认为：使学生获得终身发展的数学就是智慧数学。数学本身是一门智慧之学，而数学阅读是开启学生智慧的一把金钥匙，可以促进思维发展，提升思维品质。

本套丛书以核心素养为背景，将数学基础知识、基本技能、基本思想、基本活动经验融入故事、游戏、活动中。书中的故事充满童趣，与学生生活实际紧密结合，让我们体会到数学的广泛应用，分享到数学智慧阅读的快乐与愉悦。通过本套丛书的阅读，小朋友们能够增长智慧，数学会变得“好玩”，真正让孩子们在阅读中学习，在运用中提高。本套丛书有如下特点：

一、是目前少有的专门针对小学生的数学课外读物

在数学课外阅读书籍中，本套丛书是少有的贴近学生实际、非常适合 12 岁之前开展数学阅读的读物。

数学阅读研究得到北京师范大学刘坚教授、福建省特级教师王永老师、新世纪小学数学教材编写团队王明明老师等国内中小学数学专家的肯定，还得到了华人数学家蔡金法教授为期三年的跟踪与指导。

二、与学生的现实生活紧密联系

本套丛书注重从现实生活中提炼阅读素材，通过阅读、思考、表达促进学生在真实的世界中感受数学的价值。从生活的世界入手阅读，通过思维的深加工，不断抽象为数学的模型，解决生活中的实际问题，从而提升学生的数学素养。

同时，本套丛书是我在坚持 20 多年的实践研究中，在撰写的 300 余篇（约 16 万字）的学生阅读资源中，修改、完善、提炼，逐渐成为学生最喜欢的、独具特色的数学课外阅读读物。

三、重在培养学生的阅读能力、思考能力和表达能力

学生核心素养的终极目标是，培养学生应具备的适应个人终身发展和社会发展需要的必备品格和关键能力。而关键能力就是阅读能力、思考能力和表达能力。

2022 年 4 月，《义务教育数学课程标准（2022 年版）》发布，数学核心素养构成简称“三会”，即会用数学的眼光观察现实世界，会用数学的思维思考现实世界，会用数学的语言表达现实世界。而《魔力数学》正是以“故事分享”“思考分析”“拓展思路”“答案提示”“智慧提升”板块加以呈现。“故事分享”板块，旨在让学生通过阅读培养其阅读能力；“思考分析”板块，是让学生通过阅读，学会用数学的头脑进行思考、分析和推理，无形中培养其思考能力；“拓展思路”板块，提升学生的思维能力，促进数学素养的达成；

"答案提示"板块，在学生解决问题有困难时给其一把扶梯，使他们跳一跳能够得着；"智慧提升"板块，是让学生跳出数学来看待问题，会有新的发现和见识。

四、将数学基本知识、技能与数学思想融入故事、游戏、活动中

故事是孩子们最喜欢的，而本套丛书将数学融入故事中，采用故事叙述的方式呈现阅读内容，极大地调动了学生阅读的兴趣，使学生在不知不觉中爱上阅读、善于阅读，发展其核心素养。

在数学故事的阅读中，将数学故事情境营造给学生，鼓励他们积极思考，从而获得知识技能、数学思考、问题解决、情感态度的全面发展。数学阅读故事的展开过程就是学生积极思考的过程。在数学阅读的过程中，兴趣能够引发学生思考，学生通过独立思考，不断"建立模型—解释应用"。

五、指导学生形成高观点背景下的深入思考

学生读这套丛书不仅仅是阅读故事，更是对数学问题进行深入思考。尤其是"智慧提升"板块，非常注重对故事背后的解决策略、数学思想等及时进行归纳和提升，促进学生对数学的本质有一定理解。

这种提升和发展，能够促进学生不仅仅在故事中捕捉有效的数学信息，更对形成高观点下的深入思考有着积极作用。

宋　君

目录

页码中的数学

故事分享

周末，淘淘要去表哥家开的印刷厂参观。表哥家的印刷厂非常大，而且引进了很多现代化的设备。在参观的过程中，淘淘看到一个机器上显示着“2889”，就好奇地走到一位叔叔面前，问道：“叔叔，机器上显示的2889是什么意思呀？”这位叔叔听到淘淘的问话就想考考他，说：“2889是这本书的页码用了2889个数字，你知道这本书一共有多少页吗？”“这个……”淘淘心里想，这还是一个问题？我可是从来没有遇到过这样的问题呢！这可怎么办？还是认真想想吧！“这本书应该是999页，对吗？”“真是神了！你怎么这么快就知道答案了呢？”这位叔叔追问道。于是，淘淘就把自己的想法告诉了这位叔叔，叔叔直夸淘淘是一个善于思考的孩子。

同学们，你们知道淘淘是如何知道这本书的页码的吗？请认真想一想。

思考分析

淘淘是这样想的：排版这本书的 1 ～ 9 页要用 9 个数字；排 10 ～ 99 页，共 90 页，每页两个数字，要用 90 × 2 ＝ 180 个数字；排 100 ～ 999 页，共 900 页，每页三个数字，要用 900 × 3 ＝ 2700 个数字。这样 1 ～ 999 页就要用 9 ＋ 180 ＋ 2700 ＝ 2889 个数字。所以，这本书一共 999 页。

拓展思路

如果这个机器上显示出“2929”，想一想，这本书应该是多少页呢？

答案提示

我们同样可以用上面的方法进行思考：排这本书的 1 ～ 9 页

要用 9 个数字；排 10 ~ 99 页，共 90 页，每页两个数字，要用 $90\times2=180$ 个数字；排 100 ~ 999 页，共 900 页，每页三个数字，要用 $900\times3=2700$ 个数字。这样 1 ~ 999 页就要用 $9+180+2700=2889$ 个数字。在 2929 个数字中还剩 40 个数字，999 页以后的页码是四位数，40 个数字可以排 ________ 页。所以，这本书一共 ________ 页。

智慧提升

面对陌生的题目，当我们无从下手时，不妨转换一下思维，从最基本的方法入手，从而找到解决问题的策略。采用这种返璞归真、回归问题原点的方法反而有利于我们解决问题。

进制的由来

故事分享

淘淘学习很刻苦，成绩也很优秀，可是自从在数学课外阅读课中接触了进制的相关知识之后，他就陷入了苦恼中，因为总是弄不明白各种换算。例如：二进制的1111相当于十进制的多少？

张老师告诉淘淘，应该先查一查进制的相关知识。于是，淘淘就和乐乐一起查找了进制的由来及发展的故事。

在我国很早就开始使用十进制了。在出土的甲骨文中人们就发现了十进制。关于十进制的产生，有这样一个故事：

很久以前矮人部落与野兽之间发生了一场激烈的

战斗，经过大家的共同努力，矮人部落大获全胜。对所有野兽清点的工作，由矮人部落管理仓库的人进行。他把每头野兽对应着自己的一根手指，两根手指代表两头野兽……可是人的手指只有十个，这么多野兽，管理员十个手指都用完了也没数完。这该怎么办呢？正当大家一筹莫展的时候，矮人部落首领的小儿子说，既然用完了十根手指，我们可以先把数过的野兽放在一边，用一根绳子捆起来打一个结，表示十个野兽。然后接着用手指数，够十个再放一堆，再打一个结。这样一个结一个结地打下去，我们不就知道一共打了多少头野兽了吗？大家都认为这个方法很好。负责统计野兽的人用这个方法，出色地完成了任务。

中国古代还有二进制的萌芽。例如，《易经》中的六十四卦，就是用两个短横和一个长横来预测凶吉。

德国图林根的郭塔王宫图书馆保存着一份珍贵的手稿，其标题为“1与0，一切数字的神奇渊源”。

再如，投票的时候常常写“正”字来代表数目，这就是典型的五进制。

一直使用到现在的天干是文字形式的十进制：甲、乙、丙、丁、戊、己、庚、辛、壬、癸。地支是文字形式的十二进制：子、丑、寅、卯、辰、巳、午、未、申、酉、戌、亥。

了解了进制的由来，淘淘终于知道了进制的用处，对进制的转换问题有了更深的认识。

二进制是计算技术中广泛采用的一种数制。二进制数据是用“0”和“1”两个数码来表示的数。它的基数为2，进位规则是“逢二进一”，借位规则是“借一当二”，由18世纪德国数理哲学大师莱布尼茨发明。

用二进制表示一个数时，由于位数比较多，所以不容易被人们阅读和理解，因此，常常将它转换为十进制。通常，我们会用到一些常见的二进制表示法，来促进对于进制知识的理解。下面列出十进制数1～5的二进制表示：

0 = 0

1 = 1

2 = 10

3 = 11

4 = 100

5 = 101

同学们，你们知道二进制数 1111 转换为十进制是多少吗？

思考分析

根据位权表示法，二进制数中的每一位数字在不同位置上具有不同的值，而且二进制各位上的位权值是基数 2 的若干次方，例如：

$2^0 = 1$

$2^1 = 2 \times 1 = 2$

$2^2 = 2 \times 2 = 4$

$2^3 = 2 \times 2 \times 2 = 8$

…………

将二进制数转换成十进制数的方法是：

1. 把这个二进制数的最低一位（第 0 位）乘 2 的 0 次方（即

2^0），倒数第二位（第 1 位）乘 2 的 1 次方（即 2^1）……一直到最高位（第 n 位）乘 2 的 n 次方（即 2^n）。

2. 最后将各项乘积相加，得到的结果就是二进制数所对应的十进制数。

因此，二进制数 $1111 = 2^0 + 2^1 + 2^2 + 2^3 = 1 + 2 + 4 + 8 = 15$。

拓展思路

我们已经能够将二进制数转化为十进制的数了，那么会将十进制数 15 转化为二进制的数吗?

答案提示

十进制整数转换为二进制整数一般采用“除 2 取余，逆序排列”的方法。具体做法是：用 2 去除十进制整数，可以得到一个商和余数，再用 2 去除商，又会得到一个商和余数，如此进行，直到商为 0 时为止，然后把先得到的余数作为二进制数的低位有效位，后得到的余数作为二进制数的高位有效位，依次排列起来。例如：十进制数 15 转化为二进制数，按此方法计算即 15 除以 2，商 7

余 1；7 除以 2，商 3 余 1；3 除以 2，商 1 余 1；1 除以 2，商 0 余 1。将后得到的余数作为二进制数的高位有效位依次排列起来就是 1111。因此，十进制数 15 转化为二进制数即为 ________。

智慧提升

无论是二进制还是十进制，抑或其他进制，请从浩瀚的数学发展中了解它们的由来以及其相互转换。

巧比角的大小

故事分享

这些天，淘淘、乐乐和飞飞一起在研究图形世界。看！他们在看这样一个题目：下图中的∠1、∠2 相等吗？请你说出自己的想法。

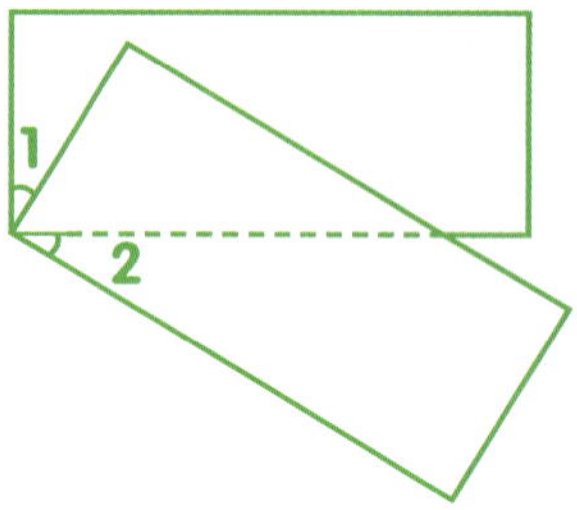

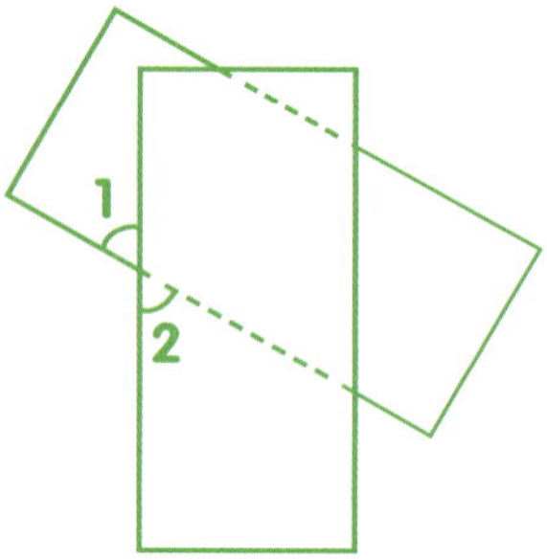

飞飞说："这还不简单！先剪出一个与∠1 一样大的角，然后与∠2 比较一下就可以判断出来。这样很简单！"

“麻烦！还得剪，还得比。不如拿量角器来量，这样就可以直接比较出大小。”乐乐接着说。

淘淘听了，说：“我认为还有更简单的办法比较∠1、∠2的大小。”

同学们，想一想，你们能找到更简单的方法吗？

思考分析

在左下图中，我们可以看到∠1＋∠3＝90°，∠2＋∠3＝90°。所以，∠1＝90°－∠3，∠2＝90°－∠3。因为∠1、∠2都等于90°－∠3，所以∠1＝∠2。

在右下图中，我们可以看到∠1＋∠3＝180°，∠2＋∠3＝180°。所以，∠1＝180°－∠3，∠2＝180°－∠3。因为∠1、∠2都等于180°－∠3，所以∠1＝∠2。

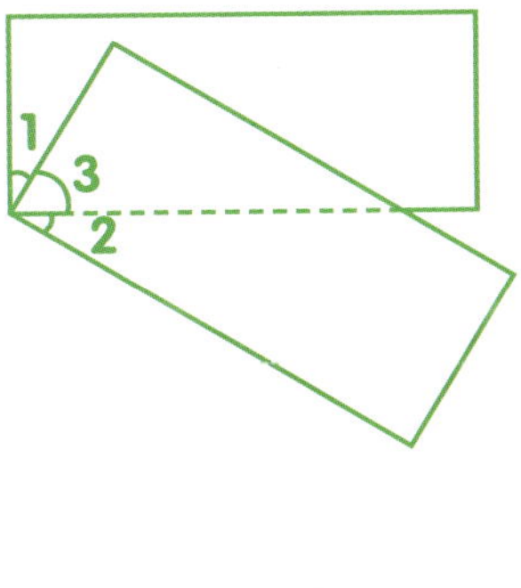

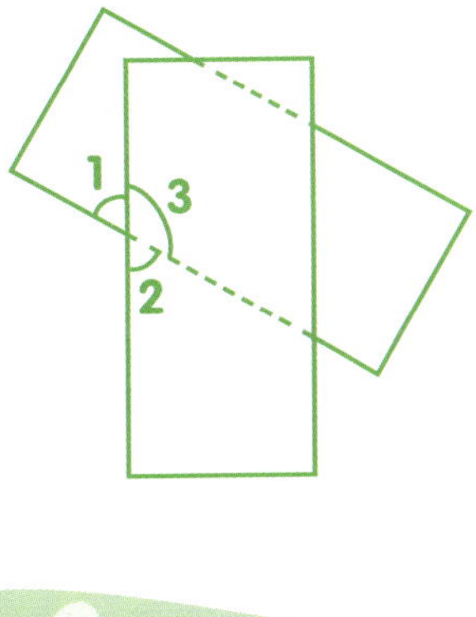

拓展思路

淘淘将一张长方形纸折起来以后形成两个角（如下图），∠1 = 30°，你知道∠2 的度数吗？请你认真想一想。

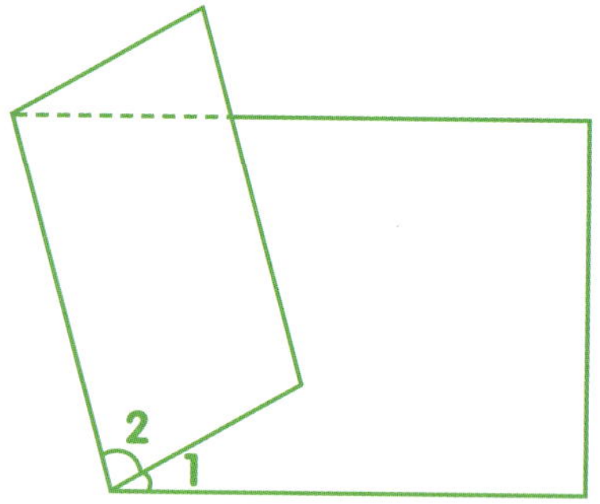

答案提示

从折纸的图中，我们知道∠1 + ∠2 + ∠2 = 180°，因为∠1 = 30°，所以∠2 + ∠2 = 150°，即∠2 = ______。

智慧提升

我们需要在认真观察中找到简捷、方便的方法，也需要认真思考，从而找到解决问题的方案。所以，思考能增长我们的数学智慧，让我们养成认真思考的好习惯吧。

淘淘能取得冠军吗

故事分享

体育课上，淘淘和飞飞要进行50米的决赛。淘淘和飞飞都有必得第一的决心。这时，体育老师来到比赛起点，乐呵呵地对两个小运动员说：“初赛时，飞飞10秒跑到了终点，淘淘才跑了40米。这次决赛，你们两个都要加油啊！”

“啪！”随着一声枪响，比赛开始了，飞飞一下没站稳，差点摔了一跤，但他仍奋力追上去，时间已经过去了1秒，大家都替飞飞捏了一把汗。

“如果他们两个都和初赛的速度一样，飞飞会输吗？”在一旁的奇奇关心地问。

“飞飞出现了失误，这次比赛一定是淘淘赢了！”笑笑在一旁也发表了自己的看法。

“我看冠军还是飞飞！”乐乐自信地说。

同学们，你们认为谁说得对？想一想，这是为什么呢？

思考分析

在初赛时，飞飞的速度是 $50 \div 10 = 5$ 米/秒，淘淘的速度是 $40 \div 10 = 4$ 米/秒。在决赛中，如果按照以上的速度进行计算，也就是淘淘先跑出了 $4 \times 1 = 4$ 米。当飞飞到达终点时，淘淘离终点还有 $50 - 40 - 4 = 6$ 米。所以，飞飞会取得冠军。

拓展思路

如果两人的速度和初赛时的速度一样，淘淘先跑 10 米，飞飞再追，他们两人能同时到达终点吗？

答案提示

能。因为淘淘先跑了 10 米，剩下跑 40 米的时间和飞飞跑 50

米的时间是一样的，所以他俩能同时到达终点。

智慧提升

体育比赛中也凝聚着数学智慧。当用数学的眼光看世界时，我们会收获不一样的精彩，收获不同的数学感受，这些经历是我们感受数学、发现数学的最佳渠道。

是赔还是赚

故事分享

过年了，大街小巷张灯结彩，淘淘坐在沙发上兴奋地数着自己的压岁钱。妈妈走过来神秘地说道：“儿子，妈妈跟你谈一笔交易：10 天内我每天都给你 100 元，你第一天返还妈妈 1 元，第二天 2 元，第三天 4 元……以后每天返还给妈妈的钱都是前一天的两倍，怎么样？要不要完成这笔交易？”淘淘略带疑惑地问道：“妈妈说话算话？到时候可不要耍赖哦。”说完淘淘就迫不及待地跑去向爷爷奶奶分享要赚妈妈大钱的好消息，连睡觉的时候都在说他要发财了。

小朋友们，淘淘真的可以赚到妈妈很多钱吗？

思考分析

想一想，10 天，妈妈每天都给淘淘 100 元，也就是 $100 \times 10 = 1000$ 元；按照交易规则，淘淘需要返还妈妈 $1 + 2 + 4 + 8 + 16 + 32 + 64 + 128 + 256 + 512 = 1023$ 元；1000 元 < 1023 元，淘淘不但不能赚到钱，而且还要赔给妈妈一些钱。

拓展思路

淘淘赔给妈妈钱后，一整天都是闷闷不乐的，爸爸见状就摸着淘淘的头说道：“男子汉大丈夫，不要气馁，来跟爸爸做个交易，你一定乐意：20 天内，我每天也是给你 100 元，你第一天只需要返还 1 分钱，第二天 2 分钱，第三天 4 分钱……以后每天返还的钱都是前一天的两倍。”这次淘淘多了个心眼，思考了半天，欣然同意了交易。同学们，大胆地猜一猜，这次淘淘的交易状况是赚还是赔呢？

答案提示

20 天，每天 100 元，淘淘可以得到 $100 \times 20 = 2000$ 元；淘淘需要返还 $1 + 2 + 4 + 8 + 16 + 32 + 64 + \cdots + 524288 =$

1048575 分 = 10485.75 元；10485.75 元 > 2000 元，淘淘赔惨了。

智慧提升

在数学学习中，有时候我们看似正确的内容还是需要缜密地思考，只有经过数学思考，才能得到正确的结论，才能不断拓宽自己的知识面，开阔我们的眼界。

轻羽飞扬

故事分享

激情飞扬，谁“羽”争锋。在万众期待中，区级羽毛球节开始啦！班级里就数淘淘的声音大，他信心满满地表示，这次他们队一定赛出水平，争取代表学校出战。乐乐担忧地问道：“这次学校有几个队参加比赛，我们需要分析一下，不能再像去年那样后劲不足，要做到万无一失。”“这次学校有4个队参加校内初赛，采用循环赛的形式。”乐乐答道。4个队进行循环赛（两个队之间比赛一次称为一场），一共需要比赛多少场呢？

聪明的同学们，你们知道需要比赛多少场吗？

思考分析

4个队进行循环赛，也就是4个队每两个队都要赛一场，假设4个队分别为A、B、C、D，用画图的形式表示出比赛的场次。

A队和其他3个队各比赛一次，要赛3场。

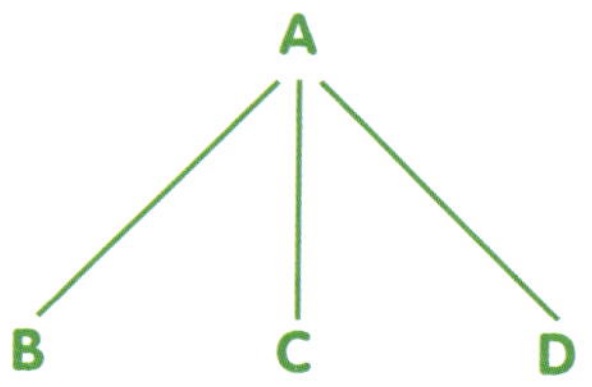

B队和C、D两个队还要各比赛一次，要赛2场。

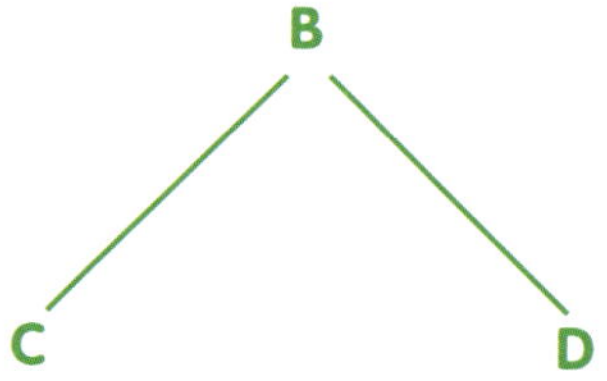

C队和D队比赛1次，要赛1场。

所以，一共需要比赛 $3+2+1=6$ 场。

拓展思路

最终，淘淘所在队顺利代表学校参加区级羽毛球比赛，这次他们显得尤为激动和紧张。这次共有 8 个队比赛，进行淘汰赛，最后决出冠军，那么观众一共可以看到多少场比赛呢？

答案提示

有两种思路。

第一种：8 个队进行淘汰赛，第一轮赛 4 场后，剩下 4 个队；第二轮赛 2 场后，剩下 2 个队；第三轮只需要再赛 1 场，就能决出冠军。所以观众一共可以看到__________场比赛。

第二种：8 个队进行淘汰赛，每淘汰 1 个队，需要进行 1 场比赛，整个比赛共淘汰__________队，所以观众一共可以看到 7 场比赛。

智慧提升

比赛场次问题，需要我们从不同角度分析和思考，紧密联系实际，具体问题具体分析。

植树

故事分享

植树节快到了，淘淘所在的班级准备组织一次家校合作植树活动，植树的地点就在学校门口的道路两侧。能够美化环境，给周围生活的居民带来绿色，这是同学们都很乐意做的事情，所以大家都愿意参加这次植树活动。王老师将班上同学分成了若干小组，有的小组负责拿水桶，有的小组负责拿铲子，而淘淘所在的小组负责准备树苗。如果道路一侧只一端需种上树，那么道路两旁需要准备多少棵树苗呢？淘淘所在小组经过商议，觉得应该先知道道路有多长，还要知道树与树之间的距离是多少。他们把自己的想法告诉了王老师，王老师说从路口到学校大约有 200 米，每两棵树之间的距离需要有 5 米。淘淘说："这还不简单！200 ÷ 5 ＝ 40 棵，我们需要准备 40 棵树苗就够了。"可组内立刻有人提出了疑问，说淘淘算得不对。

小朋友，你知道淘淘哪里出错了吗？

思考分析

淘淘用 200 ÷ 5 ＝ 40 棵，只算出了道路一侧需要的树苗；而同学们需要在道路两侧植树，所以应该用 40 × 2 ＝ 80 棵，这才是应该准备的树苗棵数。

拓展思路

如果道路两侧的两端都不种树，一共需要多少棵树苗？

答案提示

如果道路两侧的两端都不种树的话，就是下面的情况：

200÷5 = 40（棵），40 − _____ = _____（棵），_____ ×2 = _____（棵）。

智慧提升

在回答植树问题时，我们要明确两个问题：一是道路一侧植树还是两侧植树；二是两端植树还是一端植树，或者是两端都不植树。问题想不明白时，我们可以借助画图的方法解决困难。

妙用估算

故事分享

最近，数学课上学习了“四舍五入法”，同学们都学得很好。在今天的数学阅读课上，淘淘在看一本数学课外读物，乐乐走到他跟前问：“淘淘，在看什么呢？”“我在看一本很有趣的数学课外读物。”淘淘回答道，“我看的这本课外读物一共 80 页，每页大约有 27 行，每行有 22 个字，你能估算出这本书大约有多少字吗？”乐乐想，我可要认真思考了。他是这样想的：$27 \approx 30$，$22 \approx 20$，我们可以先估计出……

你能估算出这本书的字数吗？我们可以接着乐乐的想法继续往下想，你一定是最棒的！

思考分析

我们可以先估算出一页的字数：20 × 30 ＝ 600（个），那么这本书的字数大约是：600 × 80 ＝ 48000（个）。

拓展思路

学校的王老师带淘淘一起去体育用品商场买跳绳，每根跳绳 6 元 2 角，估算一下，王老师带了 30 元钱能买多少根跳绳呢？淘淘是这样想的：每根跳绳 6 元 2 角可看作 6 元，30 元钱可以买 30 ÷ 6 ＝ 5 根跳绳。同学们，你们认为淘淘的估算怎么样？请认真想一想。

答案提示

淘淘估算得不对。把 6 元 2 角看作 6 元，是把除数看小了，估算买到的跳绳根数比实际大一些。因此，应该把估值减少一些，所以最多买 ______ 根。

智慧提升

估算可以帮助我们估计数量的多少，知道事物的大概范围。对于估算，我们需要结合实际情况进行思考，这样才能让估算更有价值。

赔偿中的数学

故事分享

淘淘放学回家，看到一辆卡车撞在了路边的树上，车上的瓷花瓶全都碎了，幸好没有人员伤亡。车旁边有很多人围观。淘淘也走了过去，只听见一位叔叔对另一位叔叔说："我车上拉了 1000 个瓷花瓶，现在全都碎了，你应该给予我补偿。""什么？1000 个！开玩笑，我看最多 600 个。"另一位叔叔回答道。"是 1000 个，绝对错不了，请你按 1000 个赔偿给我。""那不行！想多要赔偿，那是不可能的，我最多赔偿 600 个。"

瓷花瓶全都碎了，到底有多少个，无法数清数目。两位叔叔争论不休。淘淘走近了，在车上翻找、拼凑，终于找到了一些碎片拼成了一个瓷花瓶，然后走到两位叔叔身旁说："叔叔，不要争了，我们可以去附近借一个磅秤来……这样问题就可以解决了。"

两位叔叔听了，都认为有道理，于是，他们很快就解决了赔偿问题。

同学们，你们知道淘淘是怎么算出瓷花瓶数目的吗？请动脑筋想一想。

思考分析

淘淘先用磅秤称出一个瓷花瓶的质量是 2 千克，接着，称出全部瓷碎片的质量为 1600 千克。由于每个瓷花瓶的质量是相同的，用所有的碎片的质量除以一个瓷花瓶的质量就是花瓶的数量：$1600 \div 2 = 800$（个）。

拓展思路

在这辆车上，还有一筐同样数量的瓷碗和瓷坛也全部损坏了。淘淘找出了一个完整的瓷碗称了一下重 4 千克，一个完整的瓷坛重 7 千克。所有的碎片共重 550 千克。你们知道瓷碗和瓷坛各有多少个吗？

答案提示

由于瓷碗和瓷坛的数量是相同的，我们可以把一个瓷碗和一个瓷坛归为一组，用所有碎片的质量除以一个瓷碗和瓷坛的质量就是瓷碗和瓷坛的数量：____________________。所以，一共有____个瓷碗和____个瓷坛。

智慧提升

面对无从入手的问题，我们不妨回到问题原点解决问题，回到了问题的原点，也就抓住了问题的根源，这样才能让问题得到更好的解决。

一共有多少条线段

故事分享

到了周一自由活动时间，同学们憋了一天的周末趣事终于有机会和好朋友们分享了。有的同学分享和爸爸妈妈去看了电影，有的同学周六举办了一个幸福的生日聚餐，有的同学骄傲地说自己和姥姥去郊区挖了野菜……淘淘的大嗓门瞬间让热闹的班级安静了下来，他站在讲台上自豪地说道：“我这两天看了一些数学课外读物，学到了很多有趣的数学知识，保证难得你们抓耳挠腮。”乐乐不乐意地说道：“瞧不起谁呢，说来听听。”淘淘说：“请大家看一看，这个图形中共有多少条线段？”

飞飞："线段有两个端点，所以共有 4 条线段。"

花花："不对！不对！不止有 4 条，有线段 AB，线段 BC，线段 AC，线段 CD，线段 DE，线段 CE，一共有 6 条线段。"

强强："感觉花花数得比较完整，但是又感觉哪里不对。"

乐乐悄悄地走到淘淘的耳边说出了答案，淘淘立刻公布乐乐的答案正确。

同学们，你们知道共有多少条线段吗？

思考分析

将 A 点作为左端点，依次找右端点，可以找到 AB、AC、AD、AE 共 4 条线段；

将 B 点作为左端点，依次找右端点，可以找到 BC、BD、BE 共 3 条线段；

将 C 点作为左端点，依次找右端点，可以找到 CD、CE 共 2

条线段；

将 D 点作为左端点，依次找右端点，只有 DE1 条线段。

因此，图中共有 4 + 3 + 2 + 1 = 10 条线段。

拓展思路

大家都明白之后，淘淘又画出了一个图形，数一数，下图中共有几条线段？

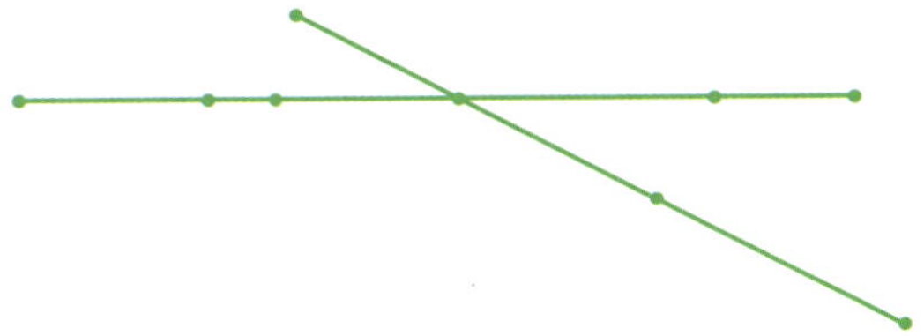

答案提示

找线段之前，先找到线段的每个端点，按照顺序先数横着的共有 ______________________________ 条线段，再找斜着的共有 3 + 2 + 1 = 6 条线段，因此图中共有 ____ + 6 = ____ 条线段。

智慧提升

数线段的数量，需要抓住线段有两个端点，然后按照一定的顺序去找，这样才能做到不重复、不遗漏。

乘火车中的数学

故事分享

今天是周末，淘淘跟着爸爸一起乘火车去外地，这列火车全长 150 米。坐上火车后，淘淘特别兴奋。途中火车经过一个涵洞，过了涵洞后，爸爸问淘淘："淘淘，你知道火车通过涵洞一共需要多少时间吗？"淘淘当时很无奈地想：我忘记看时间了。但淘淘并不放弃，他通过咨询火车上的乘务员阿姨，知道了这个涵洞长 420 米。淘淘又看了看车上电子屏上的火车速度是 19 米 / 秒。

同学们，你们能够帮淘淘想一想火车通过涵洞一共用了多少时间吗？

思考分析

其实，对于火车过涵洞问题，我们必须明确火车行驶的路程是涵洞长加上一个火车身长。所以，火车行驶的路程是：420 + 150 = 570（米）。然后我们就可以求出火车通过涵洞的时间：570÷19 = 30（秒）。

拓展思路

火车往前行驶，经过一座铁桥，淘淘通过火车广播得知这座铁桥长 1500 米，用秒表测得从火车上桥到火车完全下桥共用了 150 秒，这列火车完全在桥上的时间是 100 秒。同学们，你们能求出火车的长度和火车的速度吗？

答案提示

从火车上桥到火车完全下桥行驶的路程是桥长加一个火车身长，也就是火车多用了 150 － 100 = 50 秒的时间，多走了两个火车身长，所以这列火车通过一个车身长的时间是 50÷2 = 25 秒，通过铁桥所用的时间是 ________________ 秒。

所以，火车的速度是 ________________ 米 / 秒，火车的长

度是 ____________________ 米。

智慧提升

当我们解决火车过涵洞或过桥问题时，首先需要明确火车行驶的路程是涵洞或桥长加上一个火车身长，也就是火车速度 × 过桥时间 = 桥长 + 火车身长，这样我们就能够抓住关键很快地解答此类问题。

淘淘分巧克力

故事分享

今天是表姐的生日，中午，淘淘的爸爸妈妈带淘淘一起去表姐家给表姐过生日。到了表姐家，哎呀！这么多人！淘淘送给表姐两盒巧克力。表姐当场就让淘淘把这些巧克力平均分给大家吃，淘淘高兴地说："包在我身上，一定做到！"淘淘数了数一共 20 人，两盒巧克力一共 140 块。淘淘算起来：$140\div20=7$（块），每人可以分到 7 块。当淘淘把这些巧克力分完后，表姐问淘淘："你是怎么算出来的？"淘淘就把自己的计算过程说了一遍。表姐说，还有更简单的方法。

同学们，你们还知道可以怎样算吗？请你们试一试。

思考分析

我们可以根据商不变的性质，把被除数和除数同时除以 10，商不变。140 ÷ 20 =（140 ÷ 10）÷（20 ÷ 10）= 14 ÷ 2 = 7（块）。

拓展思路

如果两盒巧克力一共 150 块，那么淘淘是这样算的：150 ÷ 20 =（150 ÷ 10）÷（20 ÷ 10）= 15 ÷ 2 = 7……1（块）。淘淘说：“这样分，每人 7 块巧克力，还剩 1 块。”同学们，请你想一想，淘淘说得对吗？

答案提示

淘淘说得不完全正确，的确每人都能分到 7 块巧克力，而剩下的巧克力却不是 1 块。因为根据商不变的性质，被除数和除数同时乘或除以相同的数（0 除外），商不变。但实际上，余数却随着被除数和除数的变化而变化。所以，余数实际上缩小到原来的 $\frac{1}{10}$，正确的余数是 ______。所以，应该剩 ______ 块巧克力。我们同样也可以采用验算的方法进行检验。

智慧提升

同学们，我们在运用一些运算性质或运算律进行计算的时候，一定要注意适用的范围，不能只图简便而不正确地进行计算，要认真思考、认真分析，真正让简算方便我们的生活。

合理安排做家务

故事分享

周末，淘淘妈妈在做家务，淘淘主动提出和妈妈一起做家务，妈妈看到自己家的小男子汉主动帮忙，心里非常高兴。妈妈打算让淘淘用15分钟的时间整理自己的房间，用7分钟的时间擦桌子，用45分钟的时间用全自动洗衣机洗衣服，用20分钟的时间拖地，用8分钟的时间晾衣服。妈妈算了一下时间，做完这5件事情一共需要95分钟的时间。可聪明的淘淘只用了53分钟的时间就干完了所有的家务。

同学们，你们知道淘淘是怎样安排好这 5 件事情的吗？

思考分析

如果按照上面的事情一件一件地做，必然时间会很长，但我们可以统筹安排，统一考虑。比如洗衣服的同时可以整理房间、擦桌子和拖地，这样就节省了 42 分钟的时间。具体安排如下：

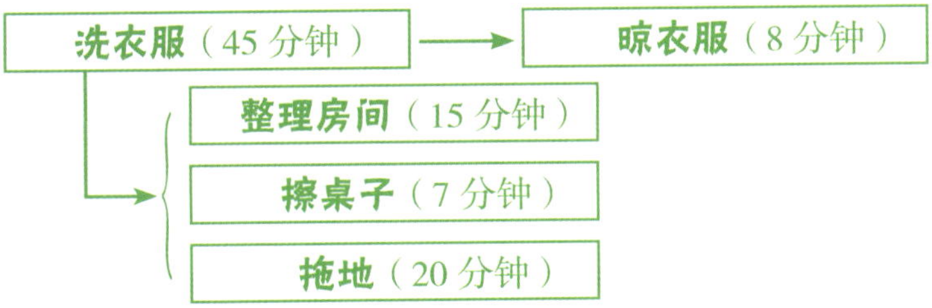

拓展思路

一天，淘淘家来了客人，淘淘主动去接待客人。他需要找茶叶（2 分钟）、烧水（10 分钟）、洗茶壶（2 分钟）、洗茶杯（3 分钟）、沏茶（1 分钟），多长时间客人才能最快喝上茶？

答案提示

我们可以先烧水，在烧水的同时完成找茶叶、洗茶壶和洗茶杯的任务，然后沏茶。所以，要用 ____ 分钟客人才能最快喝上茶。

智慧提升

在解决问题时，我们需要优化，学会合理选择，快捷地解决问题。这样不但可以节省时间，还可以在比较中确定最佳方案。

谁的彩带长

故事分享

今天的手工课上要用彩带，淘淘和乐乐各自买了一根。下课后，淘淘说：“我用了整根彩带的二分之一。”乐乐说：“我用了整根彩带的三分之二。”淘淘和乐乐把各自剩余的彩带拿在一起比了一下，奇怪！两人剩的彩带一样长。

各自用的不一样，可是剩余的却一样，聪明的你有办法比较出原来谁的彩带更长些吗？

思考分析

淘淘用了彩带的二分之一，说明剩下的是原来彩带的二分之一；乐乐用了彩带的三分之二，说明剩下的是原来彩带的三分之一。淘淘的彩带的二分之一和乐乐的彩带的三分之一相等，要想知道原来谁的彩带更长些，我们可以采用画图的方法把彩带还原，然后就能比较出谁的彩带更长些了。

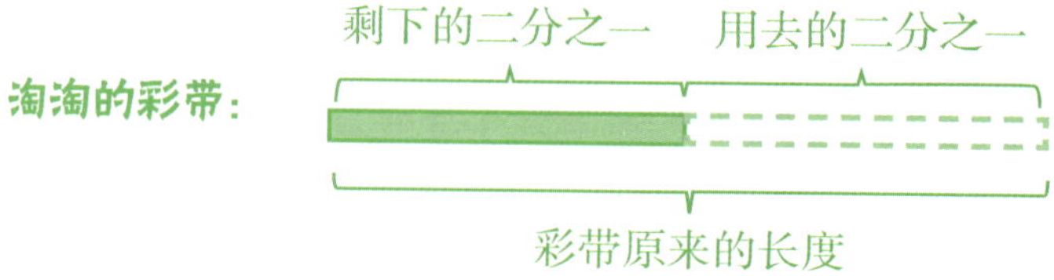

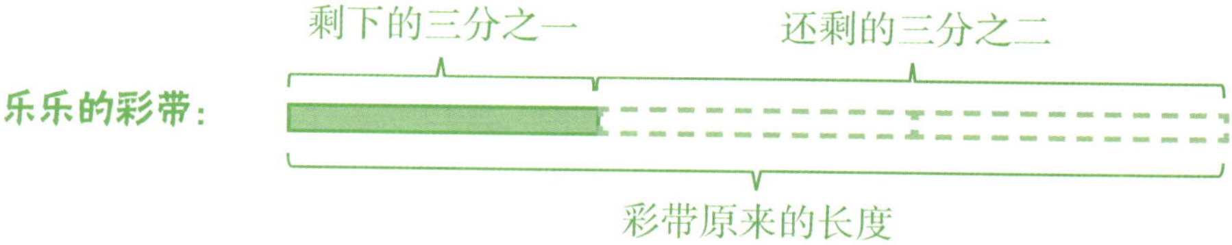

通过画图，我们可以很清楚地比较出乐乐的彩带更长些。

拓展思路

如果淘淘还剩整根彩带的四分之一，乐乐还剩整根彩带的三分之一，而且他们两个剩的彩带一样长，你知道原来谁的彩带更长些吗？

答案提示

解决这个问题，我们同样可以采用画图的方法：

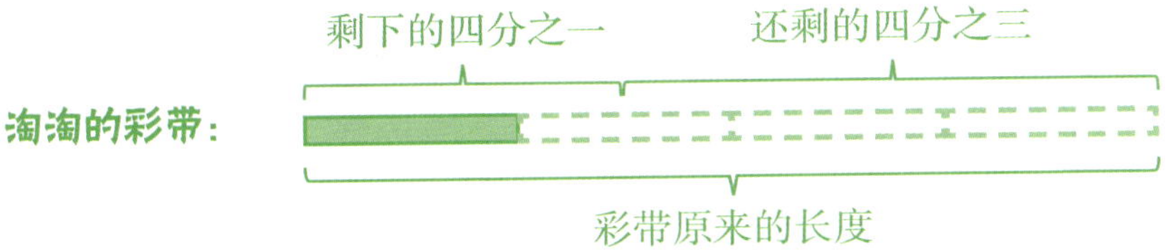

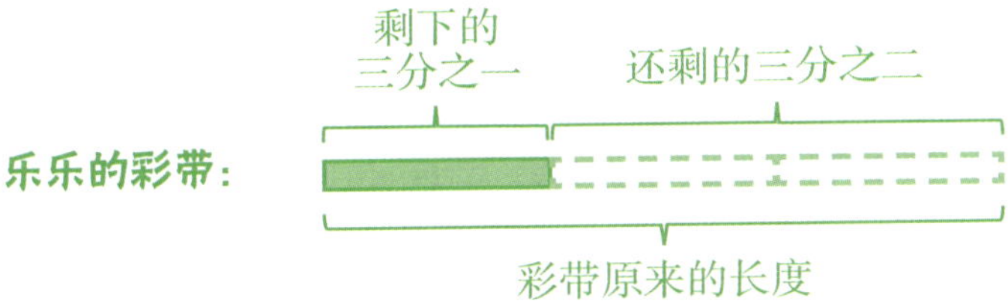

从图中可以清楚地看出淘淘的彩带更长些。

智慧提升

在解决分数问题时，我们往往需要采用画图的方法，因为画图既直观又清楚，可以帮助我们分析和理解题意，正确进行解答。

巧移火柴棒

故事分享

淘淘和乐乐一起玩火柴棒游戏，淘淘先摆成了一条“小鱼”正在快乐地向上游，乐乐仔细一看，这条“小鱼”原来是由 10 根火柴棒组成的（如下图）。

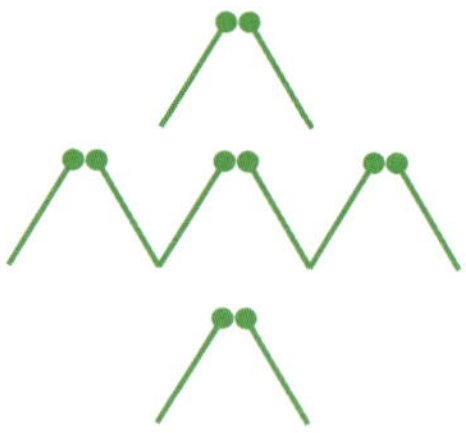

这时，淘淘问乐乐：“你能只移动 3 根火柴棒，使这条‘小鱼’向下游吗？”乐乐心里想，这可不能被淘淘考住。于是，他再次观察这条“小鱼”，终于找到了方法，当他把方法告诉淘淘后，淘淘直夸乐乐好样的。

同学们，你们知道乐乐是怎样移动火柴棒的吗？

思考分析

要使“小鱼”向下游，我们可以将左边的第 1、3、9 根火柴棒移动到第 2、8、10 根火柴棒的右面（如下图）。

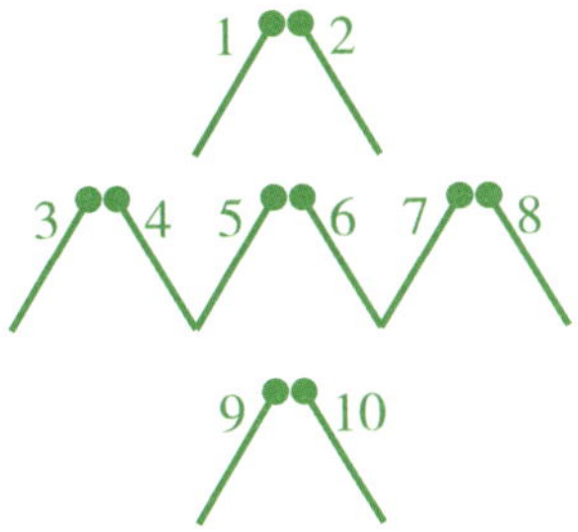

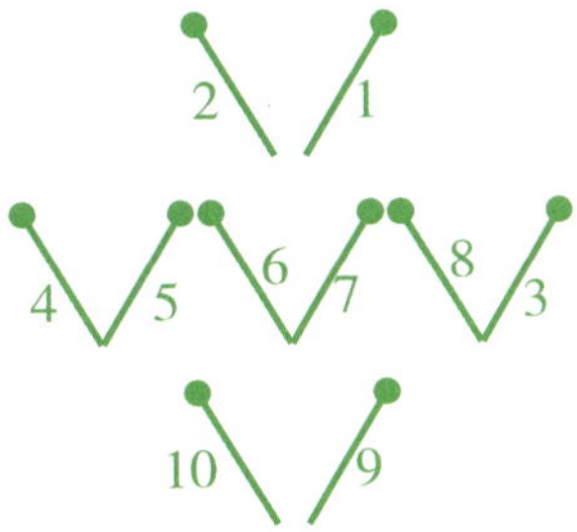

这样，只移动 3 根火柴棒，便使这条“小鱼”向下游了。

拓展思路

乐乐也用火柴棒摆出了四位数“1995”（如下页图），若你只能移动 1 根火柴棒，得到的所有四位数中，最大的四位数和最小的四位数各是多少？

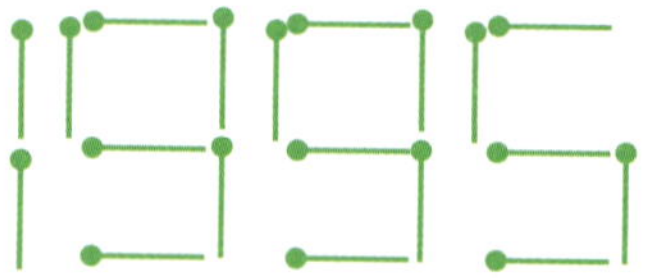

答案提示

最大的四位数是 ______，最小的四位数是 ______。

智慧提升

在玩火柴棒的游戏时，动脑思考、主动探索会让游戏更加有趣，同时也增长了智慧。

化死为生的智慧

故事分享

周末，淘淘看了一篇文章，文章的内容如下：

在森林里，有一只小猴子冒犯了狮子大王，狮子大怒，决定将小猴子吃掉。按照动物王国的法律，犯人在临刑前有一次选择生死的机会，那就是由大象法官拿来一个盒子，盒子里放着两张纸片，分别写着“生”与“死”，如果摸到“生”则生，如果摸到“死”则死。

同学们，请你们想一想，小猴子的命运会如何呢？

思考分析

淘淘想：这只小猴子会摸到什么呢？小猴子可能会摸到“生”，也可能会摸到“死”。看来，摸到“生”或“死”都有可能。

拓展思路

可是，狮子大王偏偏想让这只小猴子死，于是派人悄悄地把盒子中的“生”字拿掉，换成“死”字，而大象法官并不知道。

淘淘此时想：这下小猴子的命运会怎么样呢？那还用说，一定是死路一条。也就是不可能活了。

当盒子中的“生”字被狮子大王换掉后，我们都以为小猴子一定会死。可是，有个好心的小动物悄悄地把这个秘密告诉了小猴子。小猴子想了一夜，终于想出了一个好办法。小猴子没有死，而是被释放了。

同学们，看了这个故事，你们知道小猴子想出了什么好办法吗？

答案提示

临刑前，当大象法官把盒子拿来要小猴子选择时，小猴子拿出盒中的一张纸片，看也不看，猛地吞进肚里。在场的动物们都惊呆了，因为不知道它究竟拿了哪张纸片，大象只好命人看盒中的另一张纸片，只见另一张纸片上写着“死”字，大象便说：“小猴子一定吞下了‘生’字，他不该死。”于是便把小猴子给放了。

智慧提升

在这个故事中，小猴子的命运从可能会死到一定死，然而小猴子用自己的智慧让一定死转化为戏剧性的生。就是在这种可能性的转换中，我们进一步认识了可能性，懂得了可能性的意义和价值。

生
死

生
死

“摸奖”骗局

故事分享

暑假，洵洵来到姥姥家。有一天，他和姥姥在集市上看到一个漂亮的小姐姐布置了一个“摸球中奖”的游戏。小姐姐一边指着奖品墙，一边叫喊：“摸球啦！摸球中奖！”不一会儿就围了一大圈人。

有人问：“怎么个摸法？”小姐姐开始介绍摸球规则：“一元摸一次，摸球箱里有红、白、黑三种球。摸到一个红球，奖励一支非常好用的铅笔；摸到两个红球，奖励一支既好用又漂亮的圆珠笔；摸到三个红球，可就要发大财了，奖励1000元现金。”

一听这话，围观的就有人按捺不住要掏钱了，有的人摸了 2 次，有的人摸了 5 次，还有的人摸了 20 次、50 次……始终没有人得到 1000 元的现金大奖。淘淘的姥姥也拿出了钱，准备把 1000 元的大奖带回家。“慢着！”淘淘拦住了姥姥说：“不要上这个小姐姐的当。”

同学们，请你们想一想，淘淘提醒得对吗？

思考分析

围观的人基本上都参与了摸球中奖的游戏，却没有一个人摸到三个红球，是因为摸球箱里红球的数量很少，所以很难摸到。

拓展思路

听到淘淘的提醒，围观的群众都开始议论纷纷，只听淘淘问小姐姐：“你摸球箱里有多少个球？”小姐姐回答：“23 个。”淘淘又问：“都是什么颜色？”小姐姐意味深长地一笑说：“颜色嘛，已经说得很清楚了，有红、黑、白三种颜色。”“摸球箱

里红球有多少个？”淘淘步步紧逼。小姐姐环顾四周，看着人们生气的表情，说：“我只能告诉你，摸球箱里，红球和白球共有 16 个，白球比黑球多 7 个，黑球比红球多 5 个。”围观群众推算了一番，纷纷表示太乱了：一会儿白球比黑球多，一会儿黑球又比红球多。经过一番思考，淘淘算出了每种颜色球的个数，揭穿了摸奖的骗局。小姐姐的摸奖摊也被集市的管理员勒令停业，还交了罚款。

同学们，你们知道摸奖箱中每种颜色球的个数吗？

答案提示

从小姐姐的话中，可以找到 3 个等量关系：

红球 + 白球 = 16（个）；

白球 - 黑球 = 7（个）；

黑球 - 红球 = 5（个）。

根据第二个和第三个等量关系可以知道，白球比红球多 ________________ 个，又因为红球和白球一共有 16 个，所以白球应该是 _____ 个，红球只有 _____ 个。所以，无论摸多少次，都不可能摸到 3 个红球。

智慧提升

摸球游戏是可能性事件，需要谨慎。天上不会掉馅饼，只有脚踏实地，才会创造属于自己的财富；利用不断学习到的知识，我们才可以避免自己上当受骗。

有趣的跳房子游戏

故事分享

一天，淘淘和乐乐一起放学回家，刚到家属院门口，就看到几个小女孩儿在玩跳房子游戏，只见地上画着这样的形状：

入口	1	2	3
4	5	6	7
8	9	10	11
12	13	14	15

淘淘来了兴趣，说："这样的跳房子还不简单！"他

话刚说完，对面的女孩儿就瞥了他一眼，说：“简单？你来试一试！”淘淘自信地说：“来就来，有什么了不起！”说完就从入口跳进了1号方格。对面的女孩儿说：“别急！这15个方格，每个方格你只能进一次，而且每个方格都要过，最后从15号方格出去。”“一次？”淘淘想：我今天得好好考虑一下呢，该按照什么路线走呢？先横着走，从现在的1开始，经过2到3，再到7，经过6、5到了4，再从8经过9、10到了11，这样走不行。这该怎样走呢？正在淘淘犹豫的时候，旁边的乐乐在他的耳边轻轻地说了些什么。淘淘高兴地说：“关键时刻还要靠好朋友！”淘淘按乐乐教给他的方法顺利地完成了跳房子游戏，对面的女孩儿也给他鼓掌，这一鼓掌反而让淘淘不好意思了。

同学们，你们知道淘淘是怎样走的吗？和我们一起分享你的想法吧。

思考分析

真是“当局者迷，旁观者清”。乐乐告诉淘淘的路线是入口→1→入口→4→8→12→13→9→5→6→2→3→7→11→10→14→

15，这样就跳完了房子。

拓展思路

今天虽然是淘淘赢得了掌声，但他知道这是因为有乐乐帮助，于是，他把跳房子图画在纸上开始研究，这一研究，他发现还有很多不同的跳法呢。同学们，请你们也来试一试，看谁的跳法多。

答案提示

跳法一：入口→1→入口→4→5→6→2→3→7→11→10→9→8→12→13→14→15。

跳法二：入口→1→入口→4→5→9→8→12→13→14→10→6→2→3→7→11→15。

…………

智慧提升

解决问题，需要我们大胆地尝试和猜测，先动脑思考或拿笔画一画，就能找到合理的路线。

有趣的报数游戏

故事分享

快乐的寒假开始了，淘淘和小区内的好朋友一起玩报数游戏。游戏规则是这样的：参加游戏的人整齐地站成一排，然后按照1、2、1、2、1、2……这样的顺序报数，凡是报到1的下去，然后再重新报数，就这样一直报下去，谁最后一个离开队伍，谁就是获胜者。

第一轮比赛开始了，连淘淘一共8位好朋友，淘淘就站在了8这个位置。“1、2、1、2……”随着小伙伴的报数，报1的4位小伙伴离开了队伍。第二轮比赛结束了，只剩下淘淘和另外一个小伙伴。第三轮报数开始了，淘淘还是报2，所以只剩下了淘淘一个人。淘淘真的很开心。

小伙伴一看这个游戏这么有趣，就都要参加。这次一共16位小朋友参加游戏，淘淘想：我上次站在8这个位置，我仍然还要站在8这个位置，我一定能赢。

同学们，请想一想，淘淘这次能获胜吗？你们知道其中的道理吗？

思考分析

如果淘淘仍然站在8这个位置，第一轮比赛后，剩下8人，淘淘一定会留下。第二轮比赛后，剩下4人，淘淘仍会留下。第三轮比赛后，剩下2人，淘淘仍然留下了。最后一轮比赛后，淘淘被淘汰了。也就是淘淘站在 $2\times2\times2\times2=16$ 这个位置才不会输。

拓展思路

同学们，想一想，如果65个伙伴都玩这个游戏，淘淘站在哪个位置上一定会获胜呢？

答案提示

淘淘站在 $2\times2\times2\times2\times2\times2=$ ______ 这个位置就一定会胜出。

智慧提升

对于上面的报数游戏，我们在遵守游戏规则的前提下，应尽可能站在 $2\times2\times2\times2\times\cdots\times2\times2\times2\times2$ 的位置，当我们站在尽可能多个 2 相乘结果的位置时，就会获胜。游戏不但让我们在娱乐中进行数学思考，而且让我们感受到数学思考的快乐。

智取火柴棒

故事分享

数学活动课上，飞飞和乐乐在班级的“益智园”竞赛中相遇了。为了比赛的公平，智力竞赛的题目是老师出的，比赛内容如下：有12根火柴棒，两人依次轮流取，每人每次最少取1根火柴棒，最多取2根火柴棒，不能不取，也不能多取，谁取到最后一根火柴棒谁就获胜。飞飞想：我可不能输给乐乐，我先拿。结果，他却连输了3次。飞飞想：这是怎么回事呢？

放学回家的路上，飞飞还想着数学活动课上发生的事情，一个没注意就和对面的一个学生撞了一个满怀。飞飞连忙说：“对不起！”“哦！是飞飞，我正找你。”飞飞一看，原来是淘淘。飞飞就向淘淘请教说："淘淘，上午我怎么输得那么惨？难道这里面有什么奥秘？"当淘淘把方法告诉飞飞时，飞飞恍然大悟，原来是这样的。看来，飞飞下次比赛可要多动脑筋了。

思考分析

在这个拿火柴棒的游戏中，要想拿到第 12 根火柴棒，就应该拿到第 9 根、第 6 根、第 3 根火柴棒。而每次飞飞先拿，乐乐总能拿到第 3 根、第 6 根、第 9 根火柴棒。我们也可以列出算式：$12\div(1+2)=4$。这样就保证能够每次获胜。在都知道这个游戏秘诀的时候，谁后拿，谁一定稳操胜券。

拓展思路

如果有 10 根火柴棒，两人依次轮流取，每人每次最少取 1 根火柴棒，最多取 2 根火柴棒，不能不取，也不能多取，谁取到最后一根火柴棒谁就获胜。你会怎样拿火柴棒呢？请你动脑筋想一想。

答案提示

只要把与余数相同数量的火柴棒先拿走，接下来就和上面的方法一样了。也就是先拿走 ______ 根火柴棒，之后，每次拿的根数和对方合起来是 ______ 根。在都知道这个游戏秘诀的时候，谁先拿，谁一定稳操胜券。

智慧提升

在生活和游戏中的确存在着一些数学规律，需要我们不断去发现和探索，只有这样，我们才能够感受到数学的神奇，揭开数学的奥秘。

谁打碎了玻璃窗

故事分享

淘淘就读的学校是国家足球特色学校，学校里的每一个孩子都酷爱足球运动，有点时间就会踢足球。为了保证学生的安全和安静的学习环境，学校三番五次强调不可以在走廊里踢球。今天，淘淘、乐乐和飞飞课间在走廊里踢球，还打碎了班级里的玻璃窗，这可气坏了班主任张老师，张老师忍着怒气把他们请进了办公室。张老师还没开口，他们就开始推卸责任了。

淘淘说："是飞飞打碎的。"乐乐说："我没有打碎玻璃窗。"飞飞说："是乐乐打碎的。"张老师看过监控之后，知道他们当中只有一个人说了谎。

淘淘既后悔又委屈，肯定地说："就是飞飞打碎的，用假设法就可以判断。"淘淘的方法是这样的：

如果是我打碎的，那么我和飞飞说的是谎话，乐乐说的是实话，这与我们当中"只有一个人说了谎"相矛盾，所以不是我打碎的。

如果是乐乐打碎的，那么我和乐乐说的是谎话，飞飞说的是实话，这与我们当中"只有一个人说了谎"相矛盾，所以不是乐乐打碎的。

如果是飞飞打碎的，那么我和乐乐说的都是实话，只有飞飞说的是谎话，符合我们当中"只有一个人说了谎"，所以玻璃窗就是飞飞打碎的。

听完淘淘的分析，乐乐说："太乱、太麻烦了，我还有更简捷、直观的方法。"

同学们，你们知道乐乐的方法是什么吗？

思考分析

淘淘、乐乐、飞飞的表达比较杂乱，可以借用列表的方法来帮助推理，实话的画"√"，谎话的画"×"，表格如下：

	淘淘打碎的	乐乐打碎的	飞飞打碎的
淘淘	×	×	√
乐乐	√	×	√
飞飞	×	√	×

因为他们当中“只有一个人说了谎”，从表中很清晰地看到，是飞飞打碎了玻璃窗。

张老师耐心地给淘淘、乐乐、飞飞讲述在走廊里踢足球的坏处，严肃地告诫他们“说谎、推卸责任”都是非常不好的行为，他们羞愧地低下了头，并保证不会再犯类似的错误。

拓展思路

可没过几天，他们又“顶风作案”，带着花花在教室里踢足球。这次，打破了灯。他们来到办公室又开始推卸责任，淘淘说：“不是飞飞就是花花打破的。”乐乐说：“是花花打破的。”飞飞说：“不是我打破的。”花花满脸委屈地说；“不是我打碎的。”他们当中还是只有一个人说了谎，到底是谁打破了教室里的灯呢？

答案提示

依旧采用列表的方法帮助推理，实话的画“√”，谎话的画“×”。

	淘淘打破的	乐乐打破的	飞飞打破的	花花打破的
淘淘	×	×	✓	____
乐乐	×	×	×	____
飞飞	✓	✓	×	____
花花	✓	✓	✓	____

因为“他们当中还是只有一个人说了谎”，所以是花花打破了教室里的灯。

智慧提升

当题目中告诉我们的信息比较多，而且容易混淆时，可以采用**列表**的方法帮助推理，这样答案就能一目了然。

如何分配才能过河

故事分享

数学课外阅读课上，淘淘看到了一篇非常好玩的文章，似乎入迷了一般，他一边看，一边在练习纸上画来画去，嘴里嘀咕着什么。

同桌乐乐看到了淘淘画的图，忍不住笑了起来。只见淘淘的作业纸上写着人、猫、鼠、米，还画有河流、小船……原来，淘淘是在研究如何分配才能更好地过河的问题。

“淘淘，遇到什么好玩的题目了吗？一起分享一下呗。”乐乐轻轻地拍了拍淘淘，对他说道。

“我在研究如何过河的问题呢，这会儿在看是不是还有什么方法和技巧。”淘淘说着，将正在看的数学课外阅读书推到了乐乐面前。

题目是这样的：

有一个人带了一只猫、一只白鼠、一盘米饭，到了一条小河旁，只有一条小船，他每次只能带一样东西过河，可当他不在的时候，白鼠会吃米，猫又会吃白鼠。请想一个办法，让他能安全地把三样东西都带过河。

“这还不简单吗？”乐乐一看，立刻说道，“这是最古老的过河问题，我记得老师讲过这样的题目。题目是这样的：一个农民携带一只狼、一只羊和一棵白菜，要借助一条小船过河。小船上除了农民只能再带狼、羊、白菜中的一样。而农民不在时，狼会吃羊，羊会吃白菜。农民如何过河呢？”

亲爱的小读者们，你们知道如何分配，才能更好地完成过河问题吗？请在练习纸上写一写、画一画吧！

思考分析

每次只能带一样东西过河，所以三样东西不能全在他身旁。通过题意知道，猫不吃米，猫和米在一起没有人时不会损失。那就要想办法，不让猫和白鼠在一起，也不能让米和白鼠在一起。

我们先划船把白鼠带过河，第二次再把猫带过河，放下猫后把先过河的白鼠再随船带回来，把白鼠放下，只带着米过河，然后划船回来，再把白鼠带过河。

拓展思路

老张、老李、老王三个商人进城购物。老张购了约 8000 元的货物，老李购了约 5000 元的货物，老王购了约 3000 元的货物。回村途中有一条河，且只有一只船。这只船一次只能载两个人或一个人和一份货物。但大家约定某人单独留在岸上或船上时，他身边的货物价值不得超过他自己那份货物的价值，两个人一起时，他们身边的货物可以超过他们自己的货物价值。想想看，他们是怎么渡过河的？

答案提示

老李带老王的 3000 元货物过河，老李回来；

老李带老王过河，________ 回来；

老张带老李的 5000 元货物过河，老王回来；

老王带老李过河，________ 回来；

老张带自己的 8000 元货物过河。

智慧提升

过河问题虽然条件简单，但是一环扣一环，唯有厘清思路，进行抽丝剥茧的剖析，才能更好地从全局出发，逐步接近问题的答案。

马虎的淘淘

故事分享

这一段时间，淘淘特别粗心。今天的作业中有一道除法的计算题，在计算时，淘淘求出的商是9。淘淘看着这个竖式，认真检查了好几遍也没有发现问题。这时，乐乐看了看淘淘的计算，发现和自己做的不一样，但找不到问题所在。于是，他对淘淘说："淘淘，我看了一遍，觉得没有什么问题，但为什么和我计算的结果不一样呢？"飞飞看了看说："哦！我知道了，你把除数81写成了18。"

同学们，你们能求出原来算式正确的商是多少吗？

思考分析

我们根据“你把除数 81 写成了 18”，“求出的商是 9”，可以得出被除数是 $18\times 9=162$，然后就可以求出算式正确的商：$162\div 81=2$。

拓展思路

淘淘在计算一道除法题时，把除数 52 误看成了 25，这样得到的商是 16，余数是 16。同学们，请你们认真想一想，正确的商应该是多少呢？

答案提示

我们根据“把除数 52 误看成了 25”，“得到的商是 16，余数是 16”，可以得出被除数是 $25\times 16+16=416$，然后就可以求出算式正确的商是 ________________。

同学们，我们要汲取淘淘的教训，千万不能马虎，犯这样的低级错误。

智慧提升

同学们，粗心会让我们走弯路，请养成认真、细心的好习惯吧！

怎样租车最划算

故事分享

“同学们，告诉你们一个好消息，下周四我们年级要去地质博物馆参加研学活动了！”淘淘一进教室就喊道，原本安静的教室一下子热闹起来。这时，王老师走进了教室，说：“我们年级一共129个学生，6名教师。我已经了解到了大巴车和中巴车的一些信息，怎样乘坐更合理、更划算呢？你们谁愿意帮助老师解决这个问题？”同学们都争先恐后地要回答。

大巴车
限乘50人
每辆每天租金1200元

中巴车
限乘35人
每辆每天租金900元

“简单！教师和学生一共是 129 + 6 = 135 人。135÷35 = 3（辆）……30（人），可以租 4 辆中巴车或 3 辆中巴车和 1 辆大巴车。而租 3 辆中巴车和 1 辆大巴车的租金一定比租 4 辆中巴车的租金多。我认为租 4 辆中巴车最划算。”飞飞抢先回答道。

“相比之下，租大巴车才会省钱。我认为你考虑问题不全面，除了上述两种方案，还有：135÷50 = 2（辆）……35（人），可以租 3 辆大巴车或 2 辆大巴车和 1 辆中巴车。租 3 辆大巴车一天的租金是 1200×3 = 3600 元，租 2 辆大巴车和 1 辆中巴车一天的租金是 1200×2 + 900 = 3300 元，租 4 辆中巴车一天的租金是 900×4 = 3600 元。通过比较，我认为租 2 辆大巴车和 1 辆中巴车最划算。”乐乐不紧不慢地说。

“这样太麻烦了，我们不如用列表来解答。”淘淘补充道，“一共有 4 种方案，而通过表格可以很明显地看到租 2 辆大巴车和 1 辆中巴车最划算。”

大巴车／辆	0	1	2	3
中巴车／辆	4	3	1	0
租金／元	3600	3900	3300	3600

“是！这样真的很清楚。”乐乐和飞飞都同意淘淘的方法。

拓展思路

如果五年级的师生共 155 人也参加研学活动，他们年级怎样租车最划算？

答案提示

大巴车／辆	4	3	2	1	0
中巴车／辆	0	1	2	3	5
租金／元	4800	4500	4200	____	____

所以，租 ____ 辆大巴车和 ____ 辆中巴车最划算。

智慧提升

在考虑如何租车最划算时，需要全面考虑和分析问题，列表是一种解决问题的策略，它可以非常直观地帮助我们分析和比较，从而找到最佳方案。

“小侦探”破案

故事分享

周末，淘淘和爸爸一起到人民公园玩。在公园门口，淘淘捡到了一个钱包，他害怕丢钱包的人着急，就在公园门口等候。但左等右等也没有人认领，于是，他和爸爸来到公园广播站，淘淘向广播站的阿姨说明了情况，这位阿姨马上进行广播。不一会儿，一位中年叔叔来到广播室，说：“钱包是我丢失的，我丢在了公园大门口。”淘淘问：“钱包也许是您的，但需要您把钱包里的东西描述一下，好吗？”“好的！”这位叔叔说，“钱包里有一张银行卡。”“嗯！是这样的。还有其他东西吗？”“对了！还有 320 元钱，共 8 张纸币，而且没有 10 元的钞票。”“完全正确！不过，请您仔细回忆一下各种纸币的张数，我才能还给您。”这位叔叔把各种纸币的张数说出来后，淘淘就把钱包还给了这位叔叔。站在一旁的爸爸不解地问：“你为什么要这位叔叔说出各种纸币的张数呢？”淘淘笑笑说：“因为钱包里的320元钱都是纸币，没有10元的钞票，一共8张，有几种可能性，只有这位叔叔说对了，才能证明这个钱包是他的。”爸爸直夸淘淘是一名出色的“小侦探”。

同学们，你们知道这位叔叔钱包里有哪8张钞票正好是320元吗？动脑筋想一想，你们就会像淘淘一样聪明！

思考分析

钱包里一共8张纸币，共320元钱，可能有以下几种情况：1. 2张100元纸币，2张50元纸币，4张5元纸币。2. 6张50元纸币，2张10元纸币。3. 2张100元纸币，6张20元纸币……而根据钱包里“没有10元的钞票”，我们可以知道，情况2是不符合要求的，所以当那位叔叔说出自己钱包里有“2 张 100 元纸币，2 张 50 元纸币，4 张 5 元纸币”时，淘淘就将钱包还给了他。

拓展思路

如果钱包里有 420 元钱都是纸币，一共 8 张，有几种可能性呢？请你认真想一想。

答案提示

我们同样可以采用上述分析思路进行分析，有以下几种可能性：1．1 张 100 元纸币，6 张 50 元纸币，______张 20 元纸币。2．4 张 100 元纸币，______张 5 元纸币。3．2 张 100 元纸币，4 张 50 元纸币，______张 10 元纸币。

智慧提升

爱迪生曾说过：学会解决问题的前提是学会分析问题。解答这类题目，重要的是对事物进行剖析、分辨和思考。希望同学们在思考中掌握分析的方法，提高分析能力。

巧换饮料

故事分享

天气越来越热了，淘淘和乐乐就想去超市买一些饮料喝。于是，他们一起来到超市，找到了自己最喜欢喝的饮料，他们各拿了3瓶，准备结账。到了出口结账处，负责收款的阿姨告诉淘淘，他们选的饮料正在搞活动：可以用这样的3个饮料瓶换1瓶饮料。淘淘和乐乐平时最喜欢喝这种饮料了，他们一商量，决定买一件这样的饮料，淘淘数了数，一共19瓶。他们结账出门后，乐乐问淘淘："按照超市的规定，你知道我们最多可以喝多少瓶饮料吗？"淘淘说："这还不简单。根据3个饮料瓶换1瓶饮料，我们可以求出：$19\div3=6$（瓶）……1（个），所以一共可以喝 25 瓶饮料。”乐乐却说淘淘说错了。

同学们，你们认为淘淘说得对吗？如果不对，那最多可以喝多少瓶饮料呢？请你们认真想一想。

思考分析

淘淘说得不对。当淘淘和乐乐一起喝完了 19 瓶饮料后，根据 3 个饮料瓶换 1 瓶饮料，可以换回 6 瓶饮料，剩余 1 个空瓶。当这 6 瓶饮料喝完后，又可以换 2 瓶饮料。再加上原来的 1 个空瓶，可以再换回 1 瓶饮料。所以，一共可以喝 19 + 6 + 2 + 1 = 28 瓶饮料。

拓展思路

飞飞听说了这个消息，也来到这个超市，买了 10 瓶这样的饮料。你知道飞飞最多可以喝多少瓶饮料吗？

答案提示

当飞飞喝完 10 瓶饮料后，根据 3 个饮料瓶换 1 瓶饮料，可以换回 3 瓶饮料，剩 1 个空瓶。当这 3 瓶饮料喝完后，又可以换 1 瓶饮料。再加上原来的 1 个空瓶，如果能借 1 个这样的饮料瓶，就可以再换回 1 瓶饮料，然后喝完了把这 1 个空瓶还了。所以，最多可以喝 ________________ 瓶饮料。

智慧提升

作为促销，商家有自己的策略，但作为客户，我们可以从促销中找到最佳方案，这样能让我们获得最大的利益。总之，只要我们认真动脑思考，就可以找到解决问题的方法。

巧分鱼钱

故事分享

有一天，淘淘和乐乐在大人的陪伴下一起去鱼塘钓鱼，这个鱼塘真美，这里的鱼是吃水草长大的，而且每条鱼的大小差不多。钓了一上午的鱼，眼看就到中午了，淘淘和乐乐开始清点钓到的鱼，还真不少，淘淘钓了 7 条鱼，乐乐钓了 5 条鱼。于是，他们就在鱼塘边小树林里设置的专业烧烤休闲区野炊，打算用烤鱼做午餐。这时，一个过路人闻到了鱼香味儿，要和他们一起吃鱼。淘淘和乐乐商量了一下，同意了。于是，3 人平均分吃了这些鱼。吃完后，过路人拿出 12 元钱给了淘淘和乐乐后就走了。该如何分这 12 元钱才公平呢？“你钓了 7 条鱼，给你 7 元钱，我钓了 5 条鱼，我就拿 5 元，这样分很公平！”乐乐说。

同学们，你们同意乐乐的说法吗？

思考分析

乍一听，乐乐说得很合理，但事实上，乐乐的分法是不正确的。因为乐乐和淘淘一共钓了 7 + 5 = 12 条鱼，12 条鱼 3 个人均吃，每人吃了 12÷3 = 4 条鱼，而过路人吃了 4 条鱼给了 12 元钱，可以求出每条鱼是 12÷4 = 3 元钱。乐乐钓了 5 条鱼，自己吃了 4 条，所以应拿回 1 条鱼的钱，也就是 3 元钱。淘淘钓了 7 条鱼，自己吃了 4 条，所以应拿回 3 条鱼的钱，即 3×3 = 9 元钱。因此，乐乐应该拿走 3 元钱，淘淘应该拿走 9 元钱。

拓展思路

如果来了 2 个过路人一起平均分吃这些鱼，每人都拿出 12 元钱，淘淘和乐乐又该怎样分呢？

烧烤区

烧烤区

答案提示

因为乐乐和淘淘一共钓了 $7+5=12$ 条鱼，12 条鱼 4 个人均吃，每人吃了 $12\div4=3$ 条鱼，而 2 个过路人一共吃了 6 条鱼，每人给 12 元钱，一共给了 $12\times2=24$ 元钱。我们可以求出每条鱼是 $24\div6=4$ 元钱。乐乐钓了 5 条鱼，自己吃了 3 条，所以应拿回 2 条鱼的钱，也就是 ____________ 元钱。淘淘钓了 7 条鱼，自己吃了 3 条，所以应拿回 4 条鱼的钱，即 ____________ 元钱。所以，乐乐应该拿走 _____ 元钱，淘淘应该拿走 _____ 元钱。

智慧提升

遇到平均分配钱数的问题，只要认真思考，就能巧妙解决。

赚了多少钱

故事分享

下午放学，淘淘、乐乐和冬冬一起在阅读数学故事书，书中有这样一个故事："李伯伯用600元钱买了一头牛，又700元卖出，然后他又用800元买回，再以900元卖出，这样的话，他是赚了还是赔了？"看了这个题目，冬冬就说："这还不简单，李伯伯用600元买的，700元卖的，赚了100元；800元买的，900元卖的，又赚了100元。一共赚了200元。"乐乐想了想，说："我认为李伯伯赚了100元钱。"他刚一说完，冬冬就反问道："为什么？"乐乐不紧不慢地说："李伯伯第一次买卖赚了100元，第二次用800元买回时，他必须比第一次卖出的700

元多付100元，这时他不赚不赔，最后以900元卖出时，他赚了100元，因此，李伯伯赚了100元。”淘淘点点头说：“我也认为是赚了100元，因为李伯伯用600元买了一头牛，700元卖了，赚100元；当他用800元买回这头牛时，他赔了100元，900元卖出又赚了100元，这样就是赚了2个100元，赔了1个100元，一共赚了100元。”冬冬听了他们两人的方法，点点头，认为很有道理。

同学们，你们认为呢？

思考分析

冬冬说的是对的。我们可以用以下方法验证：

方法一：我们可以假设李伯伯原来有1000元钱，第一次买牛后剩400元，再卖出以后有400 + 700 = 1100元；第二次买牛后剩1100 − 800 = 300元，再卖出以后有300 + 900 = 1200元。所以，李伯伯赚了1200 − 1000 = 200元钱。

方法二：李伯伯分别用600元、800元买了两头牛，一共花了600 + 800 = 1400元，然后分别以700元、900元的价格卖了出去，一共卖了700 + 900 = 1600元。所以，李伯伯赚了1600 −

1400 = 200 元钱。

…………

拓展思路

王伯伯用 400 元买了一只羊，500 元卖出，然后他又 600 元买回，800 元卖出，他赚了多少钱？

答案提示

王伯伯分别用 400 元、600 元买了两只羊，一共花了 600 + 400 = 1000（元），然后分别以 500 元、800 元的价格卖了出去，一共卖了 500 + 800 = 1300（元）。所以，李伯伯赚了________________元钱。

智慧提升

简单的问题中蕴含着不简单的道理，看似简单，却需要我们认真分析，认真思考，抓住问题的实质，只有这样才能少出错。

真的赔了吗

故事分享

最近，淘淘拿到班上一本特别有趣的数学课外读物，全班同学都很喜欢阅读。一天中午，淘淘刚进教室，看到乐乐正拿着这本书在阅读，飞飞就坐在他的旁边一起看。他们读到了这样一个故事：

今年，猴子家种的桃子大丰收。小猴帮妈妈采摘完了桃子，又将桃子分成了两堆，一堆是大桃子，一堆是小桃子。猴爸爸称了一下，一堆大桃子共 80 千克，一堆小桃子共 30 千克。他们一家准备明天拿到集市上去卖。

第二天一早，猴爸爸、猴妈妈和小猴就到集市上卖桃子，他们挂出了价格牌：大桃子3元2千克，小桃子2元3千克。狐狸看到后，就对猴爸爸说：“你的桃子我都要了。大桃子3元2千克，小桃子2元3千克，合起来就是5元5千克，也就是1元1千克。”

猴妈妈在猴爸爸耳边说：“狐狸太狡猾，我们不能把桃子卖给他，免得上当。”但猴爸爸想，桃子卖给谁都是一样的，既然狐狸要都买走，我们也图个方便。于是，就答应把桃子全部卖给狐狸。

狐狸嘴里算着：“每千克1元，一共是80 + 30 = 110千克，应该给您110元。”正当狐狸将钱拿给猴爸爸时，小猴发话了，他说：“这样卖，我们就赔了……”当他把自己的理由说完后，猴爸爸、猴妈妈都明白了。

乐乐说：“这样真的就赔了，真要谢谢聪明的小猴。”

“我怎么觉得一样呢！不都是一样卖吗？”飞飞有些不理解地说。

请同学们想一想，猴爸爸到底赔了没有？问题出在哪里呢？

思考分析

事实上，大桃子 3 元 2 千克，小桃子 2 元 3 千克，和卖 5 元 5 千克是不一样的。

我们先来算一下按原来的价格卖，猴爸爸应卖的价钱：$3\times(80\div2)+2\times(30\div3)=120+20=140$（元）。而按照狐狸的算法只卖了 110 元。所以，少了 $140-110=30$ 元。

拓展思路

飞飞听了乐乐的解释后若有所悟。他知道原来真的赔了。是不是两堆桃子不一样重的原因呢？如果这两堆桃子都是 60 千克，按照狐狸的方法去卖还赔吗？他把自己的想法提出来后，乐乐也认真思考着。同学们，飞飞是一个善于思考的孩子，你们认为飞飞说的有道理吗？

答案提示

虽然两堆桃子都是 60 千克，但大桃子 3 元 2 千克，小桃子 2 元 3 千克，和卖 5 元 5 千克还是不一样的。我们先来算一下按原来的价格卖，猴爸爸应卖的价钱：$3\times(60\div2)+2\times(60\div3)=90+40=130$（元）。而按照狐狸的算法只卖了 120 元。所以，少了 ____________ 元。

智慧提升

转换角度进行思考能让我们找到不同的解决问题的方法，但对于不同的物品、不同的价格，如果进行综合销售，需要我们进一步思考，在公平的前提下解决问题。

奇特的算式

故事分享

今天，淘淘对着练习本上的算式发呆。飞飞要他一起去踢球，但他动也没动。于是，飞飞走到淘淘身后，看到淘淘的练习本上写着：$a ★ b = a \times b + (a + b)$，$(3 ★ 4) ★ 5 = ?$“这是什么怪算式？没有运算符号，算式中间反而有五角星？”飞飞对淘淘说。淘淘吓了一跳，问道：“你怎么在我身后呢？”飞飞赶快解释说：“我叫你去踢球，怎么叫你也不回答，所以过来看一下。”淘淘说：“$a ★ b$ 是一种新的运算，它是这样运算的：先用 a 乘 b 求出积，加上 a 与 b 的和。”“而我们要求的算式却不是这样的，该如何求呢？”飞飞也积极思考着。“所以，我才一直在努力，看看怎样算出这个算式的结果。”

同学们，你们知道怎么计算吗？如果你有办法，请把你的想法和大家一起交流。

思考分析

根据提供的新运算的方法，我们知道了 $a \star b = a \times b + (a + b)$，那么，要求 $(3 \star 4) \star 5$ 得多少，可以先计算 $3 \star 4 = 3 \times 4 + (3 + 4) = 12 + 7 = 19$，然后计算 $19 \star 5 = 19 \times 5 + (19 + 5) = 95 + 24 = 119$。

拓展思路

如果 $a \star b = a \times b - a + b$，那么 $(4 \star 3) \star 7$ 的结果是多少？

答案提示

根据 $a \star b = a \times b - a + b$，那么 $4 \star 3 =$ ____________

__________, 11 ★ 7 = __________________。

智慧提升

定义新运算是一种人为设定的运算。解答这类题目的关键是理解新定义，然后严格按照新定义的格式代入数值，把定义的运算转化成我们熟悉的四则运算。

体育馆能坐多少人

故事分享

今天体育馆里有马戏表演，晚上吃过饭后，乐乐和爸爸、妈妈就早早地来到了体育馆。来看马戏表演的人真多，门口排着长长的队伍，好不容易才轮到他们进场。乐乐和爸爸、妈妈按照票上的座位号坐了下来，乐乐环视了一下整个体育馆，发现体育馆可真大呀！整个馆是圆形的，椅子由红、黄、蓝、绿四种不同颜色组成，四种不同的颜色把整个体育馆分成了 8 个区域，乐乐数了数，每个区域的椅子都有 20 排，而且他发现每排的椅子数是不一样的，后面一排都比前面一排的椅子多一个。他又认真数了数，他坐的是第 8 排，有 13 个座位。哇！真是不数不知道，一数吓一跳。这么大个体育馆，能坐多少人呢？他在心里算来算去都没算出结果，唉！要是给他一张纸和一支笔的话，他肯定能算出答案来。

小朋友，你能算出体育馆能坐多少人吗？

思考分析

根据乐乐看到的体育馆情况，我们可以找到以下几条信息：1. 体育馆分成了 8 个区域；2. 每个区域有 20 排；3. 每排座位数不一样，后面一排比前一排多 1 个座位，第 8 排有 13 个座位。

根据以上信息，我们可以判断出：**只要算出一个区域的座位数，然后再乘 8 就可以得到整个馆的座位数了。**怎样算每个区域的座位数呢？根据第 3 条信息我们可以知道，因为每一排比前一排多 1 个座位，那么第 8 排就比第 1 排多 7 个座位，也就是说第 1 排有 6 个座位，这样一来我们就可以得到每个区域的座位数应该是 $6+7+8+9+10+11+12+13+14+15+16+17+18+19+20+21+22+23+24+25=310$ 个，再用 $310\times8=2480$ 个，可知整个体育馆可以坐 2480 人。

拓展思路

你知道怎样算 6 + 7 + 8 + 9 + 10 + 11 + 12 + 13 + 14 + 15 + 16 + 17 + 18 + 19 + 20 + 21 + 22 + 23 + 24 + 25 更加简便吗？

答案提示

观察上面这个算式，我们会发现数字比较多，如果我们按照从左到右的顺序来算显然比较麻烦，通过观察我们可以发现，6 + 25 = 31，7 + 24 = 31，8 + 23 = 31，…，15 + 16 = 31，正好有 _____ 个 31，31 × _____ = _____。

智慧提升

在计算等差数列（等差数列是指相邻两个数之间的差相等）的连加时，我们往往需先算出两头两个数的和，然后数出有多少组这样的和，最后两者相乘就可以了。

305
306
307
205
206
207
104
105
106

305
306
307
205
206
207
105
106

开锁中的数学

故事分享

暑假，淘淘来到了爷爷家。爷爷虽然住在农村，但如今的农村也发生了很大的变化，爷爷家刚盖好了一栋三层小楼，二楼和三楼一共有 10 间房，爷爷打算去二楼房间给淘淘拿好吃的，但爷爷忘了哪把钥匙能打开房门。看着这 10 把钥匙，淘淘想：如果要把这 10 个房间的钥匙都找到，需要试多少次呢？淘淘把这个问题提了出来。

奶奶说：“这还需要算？一个门，如果不巧需要试 10 次，那么 10 个

吃惊地说道:“真是呀，它的两条直角边的长度完全相等！让我再来量一下角的度数。”飞飞拿出量角器认真地量了量，更吃惊了:“呀！一个内角是90°，另外两个内角都是45°。”淘淘点了点头，说道:“所以说这个三角形很特殊嘛，要单独起一个名字。”

聪明的同学们，你们能帮淘淘和飞飞给这个特殊的三角形起个名字吗?

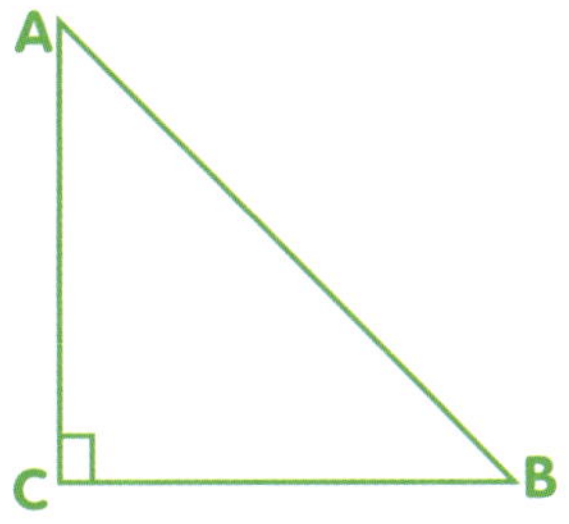

思考分析

这个三角形既是直角三角形，又是等腰三角形，这样的三角形就是等腰直角三角形。

拓展思路

数一数，下图中共有几个等腰直角三角形?

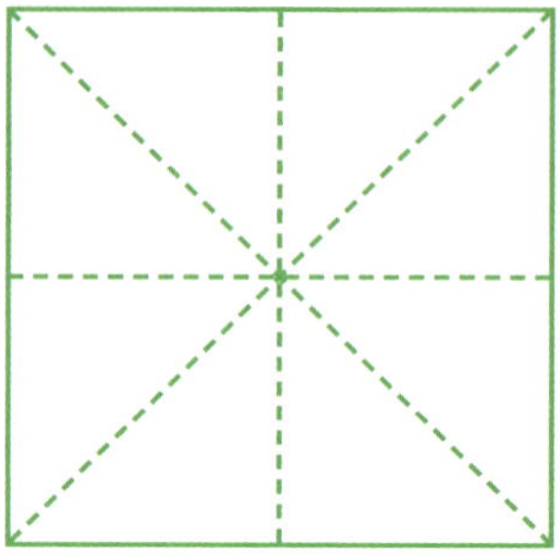

答案提示

一个大正方形被平均分成 8 份。

每一个小三角形，都是等腰直角三角形，有 8 个；

两个小三角形组成的三角形是等腰直角三角形的，有 4 个；

四个小三角形组成的三角形是等腰直角三角形的，有 4 个；

所有共有 ________________ 个等腰直角三角形。

智慧提升

勇于质疑，勇于探索，你会发现不一样的数学知识。所以，同学们在数学阅读和学习中，不能只凭主观感受轻易下结论，要多思考，多验证。

多边形的内角和

故事分享

在今天的数学课上，淘淘和同学们一起学习了“三角形内角和”，同学们知道了三角形的内角和是三角形的三个内角之和，还通过量一量的方法知道了三角形的内角和是 180°，最后又通过撕一撕、拼一拼和折一折的方法验证了三角形的内角和等于 180°。张老师表扬了同学们的动手能力，追问道：那四边形和五边形的内角和各是多少度呢？这可难倒了同学们。

小朋友们，你们知道吗？

思考分析

三角形的内角和等于180°，可以把四边形和五边形转化成三角形。四边形可以转化成2个三角形，内角和就是180°×2 = 360°；五边形可以转化成3个三角形，内角和就是180°×3 = 540°。

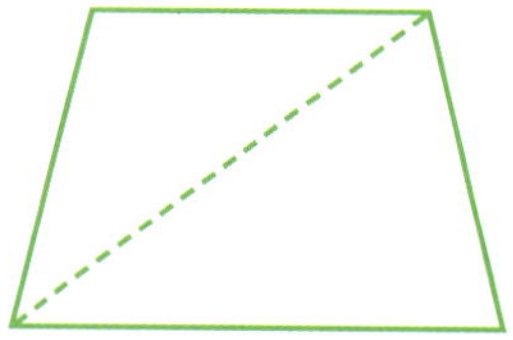

四边形

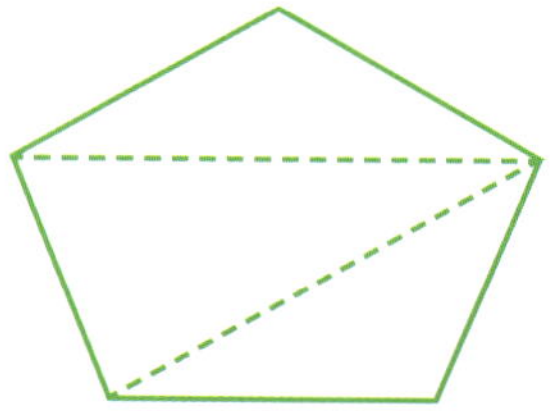

五边形

拓展思路

四边形和五边形的内角和知道了，九十九边形的内角和是多少度呢?

答案提示

直接求九十九边形的内角和有点难度，我们可以尝试把问题简化，通过画一画的方式接着求出六边形、七边形……的内角和，找一找其中的规律。通过分析可以发现，多边形被分成的三角形个数，等于边数减 2。由此可以知道九十九边形可以被分成 99 － 2 ＝ 97 个三角形，所以九十九边形的内角和是

________________。

智慧提升

“转化”是数学学习中常用的方法之一，通过转化可以把复杂的问题、未学过的题目变得简洁明了。

怎样走最近

故事分享

周末，淘淘和乐乐一起到欢乐园玩。到了欢乐园，他们要去玩自己喜欢的飞艇。淘淘和乐乐打赌谁后到达飞艇，中午就要请客。乐乐拔腿就跑，因为他知道淘淘没有自己跑得快，他可不能落在后面。淘淘不着急，而是先看了游览区的地图，看到从大门口到飞艇有两条路可以到达（如下图），到底怎样走呢？

思考分析

淘淘看到乐乐沿着南面的路跑去了，淘淘想，要到达飞艇的位置，虽然有两条路可以走，但“两点之间线段最短”，走北面应该更近。“我虽然没有乐乐跑得快，但我一定能先到达飞艇的位置。”想到这里，淘淘就沿着北面的路跑了。

乐乐想这次午餐该淘淘请客了。但当乐乐到达飞艇时，淘淘早就在飞艇处等着乐乐了。乐乐很惊讶地对淘淘说：“我路上一点儿都没休息，你怎么可能先到飞艇呢？”当淘淘把自己的想法告诉乐乐时，乐乐心服口服：“我只想着自己跑得快就肯定能赢，没想到数学知识帮了你的忙。中午我请客。”淘淘和乐乐都开心地笑了。

拓展思路

如果从大门口到飞艇的路线有以下几条，走哪条路最近呢？请你帮乐乐选出最近的路线。

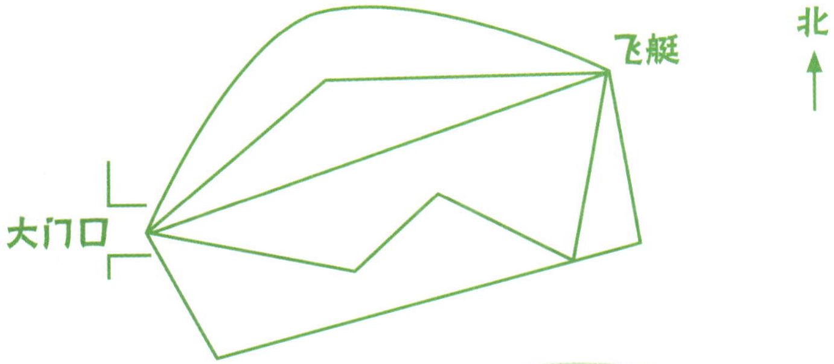

答案提示

中间的路线最近，因为“两点之间线段最短”。

智慧提升

要学会运用数学知识进行思考分析，从而找到最佳的问题解决方案。这样的数学思考是基于对生活现象的数学思考，这样的思考能够提升我们解决生活中实际问题的能力。

不公平的比赛

故事分享

体育活动课上，老师留给大家10分钟的自由活动时间。淘淘征得老师的同意后，便兴高采烈地召集同学们一起玩套圈（铅笔盒）比赛，每次5人，每人套5次，套中次数多的获胜。同学们自发地围成一个圈，观看这次比赛。正当大家玩得热火朝天的时候，乐乐突然提出了异议："这个比赛不公平，为什么每次都是站在中间的同学获胜？"飞飞走过来拍拍乐乐的肩膀说道："怎么了？是不是没有赢得比赛，故意说比赛不公平的？"同学们也在旁边附和飞飞说的话。这可气坏了乐乐，他着急地说："根本不是这样，你们看，5名玩游戏的同学站成一排，与铅笔盒的距离并不相等，站在中间的同学离得最近，他最容易套进。”同学们恍然大悟，纷纷为乐乐认真观察的精神竖起了大拇指。同学们还想继续玩套圈游戏，怎样才能使比赛更公平呢？

小朋友们，你们有什么好方法吗？

思考分析

我们已经知道：直线外一点与直线上各点连接的所有线段中，垂线段最短。可以把铅笔盒看作一个点，过这个点到小朋友套圈所在的直线画一条垂线，小朋友们依次站在垂足的位置套圈，这样能离铅笔盒最近，便于发挥最好的水平，同时也比较公平。

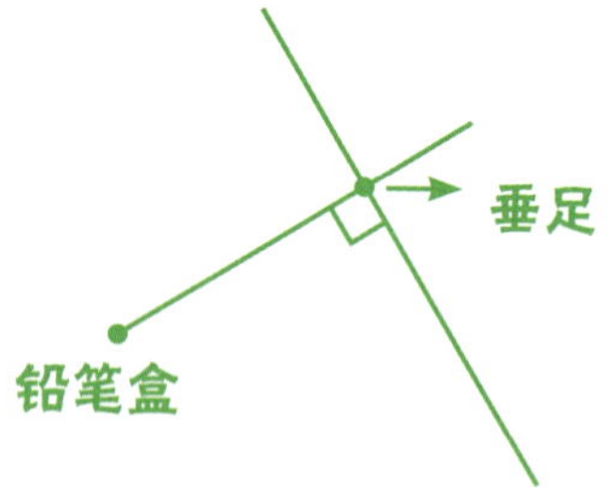

拓展思路

周六，淘淘去体育馆游泳，他在游泳池里的点 A 处开始游，如果他想尽快上岸，他应该怎么游？

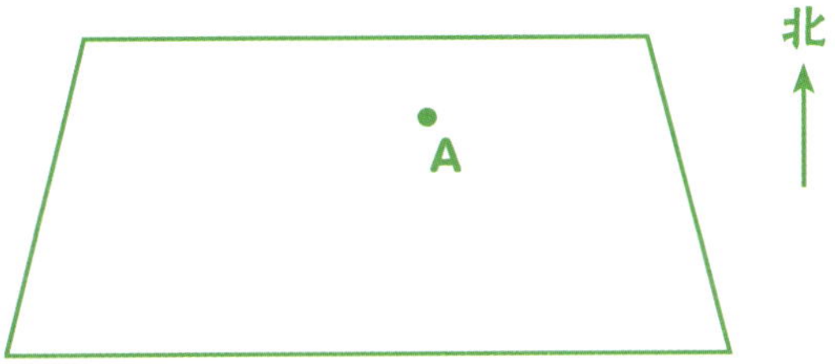

答案提示

现在，淘淘离北边的岸边比较近，所以他应该沿着点 A 到北岸的垂线段游，结果如下：

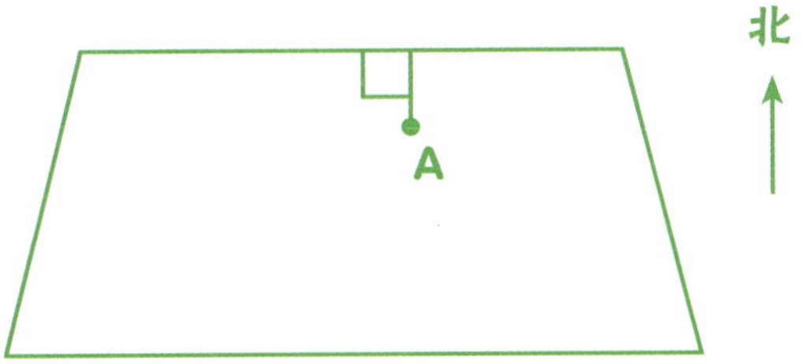

智慧提升

从直线外一点到这条直线所画的所有线段中，与这条直线垂直的线段最短。借助这个数学知识可以解决生活中的很多问题，使生活变得更加便捷。

巧算菜价

故事分享

今天，淘淘和奶奶一起到菜市场买菜。奶奶买了 1.5 千克茄子，每千克 2.4 元。奶奶要淘淘算一算应该付多少钱，淘淘嘟囔着说："我没有带笔和纸，也没有带计算器，我怎么能算出来呢?""应该付 3.6 元。"一个卖菜的小孩儿回答道。淘淘看了看这个小孩儿，他的年龄比自己小一些，黑黝黝的皮肤透着健康。出于好奇，淘淘就问："小弟弟，你叫什么名字？你是怎样算出来的呢?"这个小弟弟说："我叫磊磊，我是用'加半法'进行计算的。"

你知道磊磊是怎么算出菜价的吗？说出你的想法。

思考分析

每千克茄子 2.4 元，0.5 千克茄子的价钱是 1.2 元，1.5 千克茄子的价钱就是 1 千克茄子的价钱加上 0.5 千克茄子的价钱，所以，应该付 $2.4 + 1.2 = 3.6$ 元。

拓展思路

两个饭店的老板分别买了 15 千克和 150 千克茄子，想一想，他们各应该付多少钱?

答案提示

每千克茄子 2.4 元，15 千克茄子的价钱就是 10 千克茄子的价钱加上 5 千克茄子的价钱，所以应该付 $2.4 \times 10 + 2.4 \times 10 \div 2 = 24 + 12 = 36$ 元。其实就是茄子的单价先乘 10，然后加上它的一半。

150 千克茄子的价钱就是 100 千克茄子的价钱加上 50 千克茄子的价钱，所以应该付 $2.4 \times 100 + 2.4 \times 100 \div 2 = 240 + 120 = 360$ 元。其实就是茄子的单价先乘 100，然后加上它的一半。

智慧提升

一个大于 0 的数乘 1.5，只要求出这个数的一半再加上这个数，就是所求的结果。这种方法同样适用于 15、150……只要是要注意乘相应的倍数。

花花看店

故事分享

花花妈妈在步行街开了一家超市，由于物美价廉，很多人都喜欢来买东西。一天，花花妈妈外出进货，临走前嘱咐花花照看好超市，花花拍着胸脯说："妈妈放心，我一定会照看好超市，并服务好每一位顾客！"

中午，奇奇来到超市，看到超市里只有花花这个小迷糊，便动起了歪脑筋。他走进超市选了一些商品，来到收银台说："现金结账，让我来帮你算算！"说完，奇奇拿出笔和纸算了起来：

$5-(3.34+16)=1.5$（元）

$$\begin{array}{r} 3.34 \\ +\quad 16 \\ \hline 3.50 \end{array} \qquad\qquad \begin{array}{r} 5 \\ -\ 3.5 \\ \hline 1.5 \end{array}$$

奇奇说："一共 3.5 元，我给你 5 元，你找我 1.5 元就可以了。"花花接过奇奇的钱，她感觉奇奇算得不对，可又不知道哪里有问题。

同学们，你们觉得奇奇算得对吗？

思考分析

奇奇列的竖式乍一看没有问题，仔细观察会发现第一道竖式小数点未对齐，也就是数位没有对齐。正确的竖式应该是：

$$\begin{array}{r} 3.34 \\ +\ 16 \\ \hline 19.34 \end{array} \qquad\qquad \begin{array}{r} 19.34 \\ -\quad 5 \\ \hline 14.34 \end{array}$$

所以，奇奇除了刚才付的 5 元钱，还得再付 14.34 元。

拓展思路

经过奇奇的事，花花看店异常认真，还请来了好朋友淘淘和乐乐来帮忙。一会儿，一位老奶奶过来买小饼干，一千克饼干 8.9 元，老奶奶挑了 4.8 千克草莓味的、5.2 千克巧克力味的。结账的时候可难倒了三个小朋友，算来算去三个人的答案都不一样。同学们有什么好办法帮帮他们吗？

答案提示

根据老奶奶买东西的信息，可以先列出式子：$8.9\times4.8+8.9\times5.2$。仔细观察式子特点，我们可以利用乘法分配律，写成：$8.9\times(4.8+5.2)$。所以，我们可以这样列式解答：

$8.9\times4.8+8.9\times5.2$

$=8.9\times(\_\_\_\_+\_\_\_\_)$

$=8.9\times\_\_\_\_$

$=\_\_\_\_$（元）

智慧提升

小数计算要细心，注意小数数位对齐，计算时不急不慌，先观察式子的特点，再选择正确的计算方式，而且我们学过的运算律在小数运算中同样适用，根据算式中数的特点，可以进行简便计算。

调皮的“小数点”

故事分享

一天，风和日丽，到处都彰显着勃勃生机，淘淘、乐乐还有飞飞约好一起去购买上数学课用的小棒。三个小朋友来到文具市场，第一家店一根小棒是 0.01 元，第二家店一根小棒是 0.10 元，第三家店一根小棒是 1.00 元。淘淘反应最快，说道：“0.01 元是 1 分，0.10 元是 1 角，1.00 元是 1 元，第一家店最便宜，应该去第一家店买。”乐乐同意淘淘的想法。飞飞疑惑地问道：“三家店的单价里都有‘1’，到底是什么发生变化，才引起了单价的变化？”乐乐用树枝在地面上写下这三个数，边指边答道：“是小数点在移动，结合刚才淘淘的分析，可以发现当小数点向右移动时小数就会变大，小数点向右移动一位，小数就扩大到原来的 10 倍；小数点向右移动两位，小数就扩大到原来的 100 倍……”飞飞特别佩服乐乐，接着又问道：“如果调皮的小数点向左移动，小数的大小会发生怎样的变化？”

同学们，你们知道吗？快来分析分析！

思考分析

结合下面的正方形图分析，可以发现，小数点向左移动一位，小数就缩小到原来的$\frac{1}{10}$；小数点向左移动二位，小数就缩小到原来的$\frac{1}{100}$……

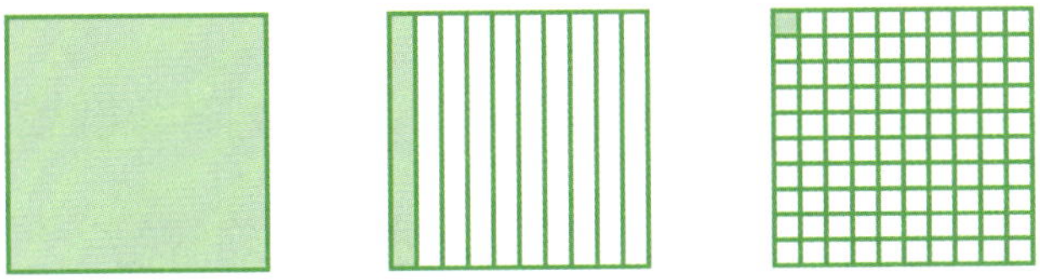

1　　0.1　　0.01

拓展思路

调皮的小数点又开始移动了，它先向左移动了一位，又向右移动了两位，再向左移动三位，最后向右移动了四位，最后得到的新数与原来的小数之差是 0.198，请问新数是多少？

答案提示

由已知可知，小数点一共移动了 4 次，4 次移动的最终结果是小数点相当于最开始向右移动了两位，也就是扩大到原来的 100 倍。所以得到的新数比原来的小数多了（100 − 1）倍，因为 $99 \times 0.002 = 0.198$，所以原来的数是________，新数是________________。

智慧提升

小数点很调皮，左右移动数变化，向左移动数缩小，向右移动就扩大。所以，解决问题时要细心才能正确解答。

平均数让你出糗

故事分享

4 月 23 日是世界读书日。这天，淘淘所在的学校开展了捐书活动，号召学生们把读过的、多余的图书捐送给希望小学的小朋友们。孩子们的爱心高涨，前两天共捐了 224 本书，平均每天捐 112 本；后三天共捐了 216 本书，平均每天捐 72 本。看着学校公告栏上的数据，李老师问同学们："谁知道学校平均每天捐书多少本?"淘淘的反应最快："这还不简单，(112 + 72) ÷2 = 92（本），所以学校平均每天捐书 92 本。"淘淘的分享结束，没有听到预计的掌声，而是迎来了大家的打趣。听完同学们你一言我一语的争辩，淘淘不好意思地挠了挠头。

同学们，你们知道学校平均每天捐书多少本吗？

思考分析

求学校平均每天捐书多少本，先要明确总的捐书数量是 224 + 216 = 440 本，再明确总的捐书天数是 2 + 3 = 5 天，最后算出学校平均每天捐书是 440 ÷ 5 = 88 本。淘淘的算法是错误的，出了一个大糗。

拓展思路

出糗后的淘淘特别难受，他认真复习平均数的知识，解决了很多难题。这次他想让班里的其他同学也出出糗，于是他利用自习课的时间给大家出了这样一个问题：五个数的平均数是 18，把其中一个数改为 6 后，这 5 个数的平均数是 16，改动的这个数原来是多少？

答案提示

认真分析，原来 5 个数的和是 $18\times5=90$，改动后五个数的和是 $16\times5=80$，因为改动后这个数是 6，所以另外四个没有改动的四个数之和是 $80-6=74$，再用原来五个数的和 90 减去 74：$90-74=16$，即改动的这个数原来是 ______。

智慧提升

生活中有很多平均数的知识，例如班级同学们的平均身高、这个月的平均气温、某校四年级学生的数学平均成绩……我们一定要理解平均数的意义，认真分析，缜密思考。

存钱罐里的奥秘

故事分享

今天，班主任李老师在班上宣布了要开展为失学儿童献爱心的活动。淘淘回到家后，拿出自己的存钱罐，倒出存钱罐里的钱开始数，数好了钱就放在了书包里。

刚数完钱，乐乐打来电话问："你打算捐多少钱呢？"淘淘回答道："我想把存钱罐里的钱都捐出去，因为那些失学的孩子很可怜。""那你到底捐多少钱呢？"乐乐追问道。淘淘想了想说："我的存钱罐里一共有 30 枚硬币，这些硬币分别是 1 元和 5 角，一共 24 元钱。"乐乐接着问："你知道有多少枚 1 元的硬币和多少枚 5 角的硬币吗？"淘淘回答道："我还没有数，我现在去数一数。"乐乐想了一会儿说："不用数了，你的硬币 1 元的有 18 枚，5 角的有 12 枚。"淘淘有些惊讶，问他是怎么知道的。乐乐只是笑了笑。

亲爱的同学们，你们知道乐乐是怎样知道 1 元和 5 角的硬币的枚数的吗？动脑筋想一想，你们就能收获到思考的快乐。

思考分析

淘淘存钱罐里共 24 元钱，一共有 30 枚硬币，这些硬币分别是 1 元和 5 角的。假设这 30 枚硬币都是 1 元的，则应该是 $1\times30=30$ 元，而实际有 24 元钱，比假设的少了 $30-24=6$ 元。少的 6 元是把 5 角硬币看成 1 元硬币，而一枚 1 元硬币比一枚 5 角硬币多 5 角，用多的总钱数除以每一枚多算的钱数，求出的就是 5 角硬币的枚数，即 $60\div5=12$ 枚。所以，1 元硬币的枚数是 $30-12=18$ 枚。

拓展思路

如果乐乐把自己存钱罐里的钱也拿出来，他的存钱罐里一共有 32 枚硬币，这些硬币分别是 1 元和 5 角的，一共 28 元钱。请你动脑筋想一想，有多少枚 1 元的硬币和多少枚 5 角的硬币？

答案提示

假设这 32 枚硬币都是 5 角的，则应该是 $5\times 32=160$ 角，也就是 16 元，而实际有 28 元，比假设的多了 $28-16=12$ 元。多的 12 元是把 5 角硬币看成 1 元硬币，而一枚 1 元硬币比一枚 5 角硬币多 5 角，用多的总钱数除以每一枚多算的钱数，求出的就是 1 元硬币的枚数，即 ______________ 枚。所以，5 角硬币的枚数是 ______________ 枚。

智慧提升

这是一类典型的“鸡兔同笼”问题，是我国的典型趣题，关于这类题目解答的方法有很多。但运用假设的方法来解答题目，能让我们的思考更加清晰，在解决问题的过程中提升智慧，体验数学学习的乐趣。

拍多少张照片

故事分享

今天，淘淘和爷爷奶奶、爸爸妈妈一起去旅游。景区的风景特别美，淘淘全家分别在不同的景点拍照留念，到了景区最著名的景点，两人轮流合影留念。拍了一阵子，淘淘的爸爸问淘淘："你知道我们在这个景点拍了多少张照片吗?"淘淘想了想回答说："这可难不倒我，我们一共 5 个人，每两人拍一张照片，这样就拍了 4 + 3 + 2 + 1 = 10 张照片，对吗?""对！你是怎样计算出来的呢?"爸爸追问道。淘淘解释说："其实，我是在脑子里画图得出的结果，如下图，你可以看到两人拍照的张数。"说着，淘淘就在地上画出了图。

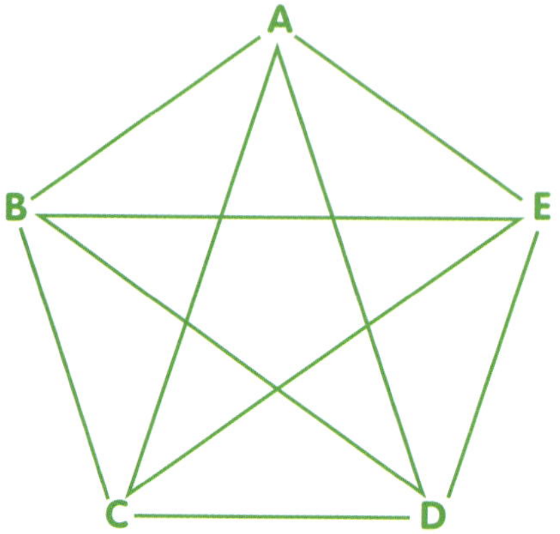

看着图，爸爸直夸淘淘真会动脑筋。你是否还有别的方法？和淘淘交流一下你的方法吧。

拓展思路

淘淘和他们班里的 9 名学生一起去秋游，如果每两人拍一张照片，一共要拍多少张照片？

答案提示

每两人拍一张照片，这样就拍了 8 + 7 + 6 + 5 + 4 + 3 + 2 + 1 = ______ 张照片。

智慧提升

在问题解决中，我们总会找到适合自己的方法，但如果我们学会分享别人的方法，就能够让问题更加简单，让数学真正成为一门开拓思维的学科。

1

运动中的数学

故事分享

周六，淘淘和乐乐相约早上7点在小区的环形人工湖边跑步锻炼。两人同时同地背向而跑，淘淘每秒跑6米，乐乐每秒跑5米，5分钟后两个人大汗淋漓地相遇了。两个小朋友休息的时候，乐乐突然问："你知道这个人工湖的周长是多少米吗?"淘淘大声说道："我又没有测量过，怎么知道？再说这么大，也不好测量，难道你知道?"乐乐小嘴一咧，笑着说道："我当然知道。"听完乐乐的话，淘淘豁然开朗，忙不迭要去告诉爸爸妈妈。

同学们，你们知道环形人工湖的周长吗?

思考分析

淘淘和乐乐是同时同地背向而跑，两人都用了 5 分钟，也就是 $5\times60=300$ 秒，依据数量关系路程 = 速度 × 时间，淘淘跑的路程是 $6\times300=1800$ 米，乐乐跑的路程是 $5\times300=1500$ 米，环形湖的周长就等于淘淘跑的路程 + 乐乐跑的路程，也就是 $1800+1500=3300$ 米。也可以先求出淘淘和乐乐一秒钟共跑多少米，也就是先求出速度和：$6+5=11$（米 / 秒），依据总路程 = 速度和 × 相遇时间，得 $11\times300=3300$ 米。所以环形人工湖的周长是 3300 米。

拓展思路

又一个周六，淘淘和乐乐这次约在人民公园的环形湖边跑步锻炼，两人还是同时同地背向而跑，淘淘每秒跑 6 米，乐乐每秒跑 5 米，两人相遇后，乐乐又接着跑了 120 秒，才回到原出发点。同学们，你们知道乐乐绕湖边跑一周需要多长时间吗？

答案提示

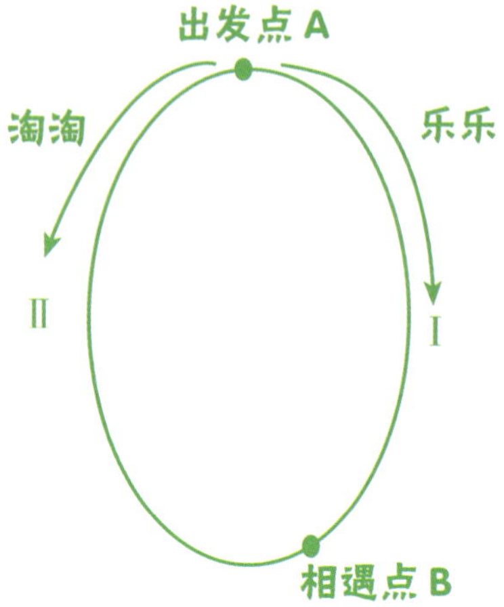

由下图可知，淘淘和乐乐由 A 点起跑，假设淘淘跑第Ⅱ段，乐乐跑第Ⅰ段，在 B 点相遇。相遇之后，乐乐接着又跑了 120 秒回到出发点，跑的为第Ⅱ段，所以第Ⅱ段长度为__________米，根据时间 = 路程 ÷ 速度，所以淘淘跑第Ⅱ段用的时间为__________秒，因为从起跑到相遇两人用的时间一样，所以乐乐跑第Ⅰ段用的时间也为 100 秒，因此乐乐绕湖边跑一周需要__________秒。

智慧提升

解决相遇问题，首先要读懂题意，还可以尝试画图直观分析解答。相遇问题在日常生活中非常常见，留心观察，一定会有所启发。

答　案

P003　$40 \div 4 = 10$　$999 + 10 = 1009$

P009　1111

P012　75°

P021　$4 + 2 + 1 = 7$　$8 - 1 = 7$

P026　1　39　39　78

P028　4

P032　$550 \div (4 + 7) = 50$（个）　50　50

P035　$5 + 4 + 3 + 2 + 1 = 15$　15　21

P037　$150 - 25 = 125$　$1500 \div 125 = 12$

P038　$12 \times 25 = 300$

P040　10　10

P044　11

P050　7955　1095

P058　$5 + 7 = 12$　14　2

P064　64

P068　1　3

P072　√　√　√　×

P076　老李　老张

P078　$416 \div 52 = 8$

P082　3900　4500　1　3

P086　1　4　2

P089　$10 + 3 + 1 + 1 = 15$

P094　$4 \times 2 = 8$　$4 \times 4 = 16$　8　16

P097　$1300 - 1000 = 300$

P101　$130 - 120 = 10$

P103　$4 \times 3 - 4 + 3 = 11$

P104　$11 \times 7 - 11 + 7 = 73$

P107　10　10　310

P112　$15 + 14 + 13 + 12 + \cdots + 2 + 1 = 120$

P119　$16 + 16 + 7 = 39$

P122　$8 + 4 + 4 = 16$

P125　$97 \times 180° = 17460°$

P137　4.8　5.2　10　89

P140　0.002　$0.002 \times 100 = 0.2$

P143　16

P146　$120 \div 5 = 24$　$32 - 24 = 8$

P148　36

P154　$5 \times 120 = 600$　$600 \div 6 = 100$　$100 + 120 = 220$

阅读收获

亲爱的小朋友，阅读这本书，给你留下最深印象的是什么？如果请你写出最深刻的阅读感言，你会怎么写？请你为《魔力数学》代言，写一两句最能感动人的阅读收获。比一比，谁的阅读感言最能打动人！

学校：__________ 班级：__________ 姓名：__________

数学阅读奠基学生的终身发展

（代后记）

阅读是一个人的基本学习能力，也是儿童精神成长的重要途径。而数学是一个魅力多姿的世界，如何在阅读中走向多彩的数学世界，我们进行着数学阅读的探索。本套丛书中的故事充满童趣，与学生生活实际紧密结合，让大家体会到数学的广泛应用。书中的数学故事以数学知识为明线，以数学核心的思想方法为暗线，注重通过故事介绍高观点背景下的深入思考，注重教会孩子思考的方法和策略，真正在智慧阅读中学数学、用数学、玩数学。

2019 年，《魔力数学》（4 册）出版后得到了广大教师、学生和家长的厚爱，不断重印。同时，它走出国门，输出到阿联酋。该套丛书荣获 2019 年中南六省优秀教育读物一等奖，入选 2020 年浙江省书香工程推荐书目、2020 年河南省中小学图书馆推荐书目等。数学阅读的研究成果荣获河南省基础教育教学成果奖，研究成果先后在浙江省、山东省、河南省、四川省、新疆维吾尔自治区、内蒙古自治区、海南省等多个省区进行推广，受到了大家的一致好评。

我们名师工作室接待了国培、省培教师，展示了数学阅读的课例和专题报告；开展了中原名师工作室省级名师、省级骨干教师研修专题讲座；并与河南省新密市、洛阳市瀍河区、尉氏县等地组建数学阅读联盟。

数学阅读课程辐射到名师工作室研修教师及所在学校；引领河南省新郑市“名家育名师”基地校研修，聚焦数学阅读深耕；开辟数学阅读专题微信群，围绕数学阅读主题研讨交流。

2017 年 5 月，郑州教育电视台对我的数学阅读研究进行专题报道；2018 年 4 月，他们再次聚焦数学阅读的教与学进行跟踪报道。2017 年 10 月，我撰写的《数学课外阅读的教育魅力》发表在《教育时报》上。

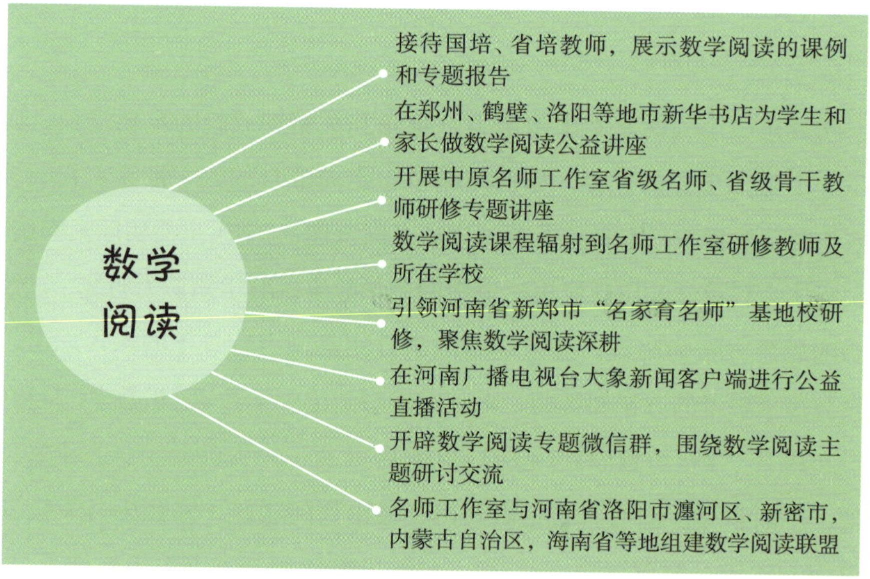

今天，根据读者反馈及调研，大象出版社决定将 4 册《魔力数学》修订为 6 册，设置“淘淘”“乐乐”“飞飞”“花花” 4 个 IP 形象，采用彩色印刷，搭配优美插图，按照国标规范设计字号。此次修订，针对性更强，内容更完善，装帧更精美，提高了丛书的品质。同时，我们将 2022 年新课标的理念融入修订工作中，更突显数学核心素养。

如果说，我在数学阅读方面有那么一点点思考的话，首先，我要感谢蔡金法教授、刘坚教授、王明明老师、王永老师等新世纪小学数学教材编写组的专家，是他们给予我无私的帮助和指导，是他们在繁忙的教学、科研任务之余抽出大量时间，付出大量精力，精心指导我做好数学阅读。同时，我也要感谢全国新世纪小学数学杰出人才第三届高级研修班的同学们，感谢他们无私的帮助和鼓励。

感谢校讯通为我搭建了更宽广的平台，作为校讯通第六届、第七届、第八届、第九届、第十届数学阅读专家评委，我在引领数学阅读的同时也汲取着老师们的智慧，这也促使我不断在数学阅读的旅程中行进着。

感谢洛阳市瀍河区的尚丽花老师、新密市的宋伟琴老师、漯河市源汇区的邢燕老师、新郑市龙湖镇小乔完全小学数学基地校等将《魔力数学》作为数学阅读读本进行区域探索。非常感谢很多志同道合的同人们慕名而来，一起进行数学阅读的教与学。

感谢我所在单位郑州市金水区实验小学、郑州市金水区金桥学校的领导和同事，是他们为数学课外阅读的开展提供了实践的沃土。

感谢《小学生学习报》编辑汪录辽、秦建华老师的关心，并在该报开辟专栏刊载；感谢校讯通的谢君、赵娜老师提供了修改、完善数学故事的建议；感谢宋君小学数学名师工作室研修团队给予的帮助；感谢大象出版社编辑梁金蓝老师为本套丛书的出版所付出的大量心血。同时，感谢一直在身后默默支持我的妻子，正是她无私的奉献，使我有了更多的时间把自己的想法和思考进行梳理，分享给更多的人。

最后，感谢名师工作室将数学阅读作为专题进行研究。请允许我将名师工作室第二届、第四届研修教师名单列于此。名师工作室第二届研修教师：穆桂鹤、魏霞、刘英杰、徐雪华、张文艳、陈伟伟、任庆涛、张艺、韩晓彤、李国建。名师工作室第四届研修教师：刘英杰、张艺、韩晓彤、李倩、梁海霞、刘婵、刘莹莹、喻海游、黄文倩、胡慧芳、刘亚楠、肖菲菲、张龙辉、张婷、李芳芳、刘娟、王鹏鹤、苌婷、李果、张曼佳、蒋飞、夏春艳、苏蒙蒙、岳冲冲、王改霞、王倩玉、杨利利、乔花花。

阅读带来快乐，快乐产生兴趣，兴趣开启智慧，智慧引领发展。让我们一起进行数学阅读，一起踏上智慧阅读之旅，一起分享数学阅读的快乐。让阅读引领精彩，奠基学生的终身发展。

限于本人水平有限，写作中难免有不妥之处，欢迎大家批评指正。

宋 君